板書で見る 社会

全単元・全時間の授業のすべて

小学校3年

澤井陽介・石井正広 編著

東洋館
出版社

はじめに

　本書は、平成17年の刊行以来、全国の先生方に愛読され続けている『小学校社会　板書で見る全単元・全時間の授業のすべて』の改訂版です。

　平成29年に告示された学習指導要領は、これからの社会を生きる子供たちに必要な資質・能力を育むことをねらいとしています。そこで本書は次のように構成しています。

○巻頭の理論ページでは、「社会科における資質・能力の三つの柱（知識及び技能、思考力・判断力・表現力等、学びに向かう力・人間性等）」「主体的・対話的で深い学び」「社会的事象の見方・考え方」「単元の学習問題や毎時のめあて」「目標に準拠した学習評価」など、これからの授業づくりのキーワードについて、学習指導要領の趣旨を踏まえて解説。

○実践例のページでは、

①冒頭に理論ページの趣旨を踏まえた単元展開例を提案し、「単元の内容」として学習指導要領の内容のポイントを、「問題解決的な学習展開の工夫」として「見方・考え方を働かせる主体的・対話的で深い学び」のヒントをそれぞれ提示。

②毎時の学習展開例について、資料提示やめあての設定、調べたり話し合ったりする学習活動の工夫や学習のまとめの例などを指導順序とともに板書で「見える化」して提示。

　特に本書の特徴は、タイトルのとおり「全時間」の板書例が示されていることです。社会科の授業において板書は、教師による資料提示や問いかけ、子供による資料の読み取りや考えなどが書かれ、問題解決に向けた大事な情報源となります。また、よい板書は45分の学習展開が手に取るように分かります。

　こうした板書は、子供たちが学習の進展や深まりを自覚したり、学習を振り返ってさらに調べるべきことを考えるなど、主体的に学ぶために大切なものです。全ての教科等において板書を中心に授業が進められるわけではありませんが、社会科にとってはこれからも板書が大事な授業づくりの要素になります。

　一方で、板書には特定のルールがあるわけではありません。板書は教師と子供、また子供同士の共同作品と言ってもよいでしょう。共同作品は、実際に指導する側の教師と学ぶ側の子供が力を合わせてつくるものです。したがって、「はじめに、この板書ありき」と考えて、教師による一方的な授業にならないように留意することも必要です。

　本書の板書例は、社会の授業に堪能な先生方の執筆によるもので、とても参考になることと思います。ですから、本書の板書例を参考にして、目の前の子供たちの実態、各学校の指導計画、地域の教材などを十分に踏まえた板書や指導案を考えてみてください。

　全国的に増えている若い先生方も「社会科を指導するのは難しい」と嘆く前に本書を読んで、社会科の授業づくりにチャレンジしてみてください。きっと子供たちが活躍できる授業のヒントがつかめることと思います。

　令和2（2020）年3月吉日

澤井　陽介

本書活用のポイント

本書は、全単元の1時間ごとの板書のポイントや手順、学習活動の進め方や発問の様子などが、ひと目で分かるように構成しています。活用のポイントは次のとおりです。

テーマとねらい

まず、ページごとの「テーマ」は「ねらい」とリンクしており、まずそれを見て、「授業を進める上での『問い』や『学習活動』は何か」をチェックしましょう。

「本時の目標」は、新しい学習指導要領で示された3つの資質・能力と見方・考え方を盛り込んで構成し、「本時のゴールイメージ」となります。

本時の評価

新しい学習指導要領においては、3つの資質・能力の育成に資する問題解決学習を展開し、「単元のまとまり」を通じて評価します。そのため、毎時間評価を行うのではなく、単元計画のなかで評価を行う時間を意図的に設定することが大切です。

そこで、本書ではどの時間に、どのような視点で評価すればよいか、本時で着眼したい評価の観点を示しています。

本時の展開

「本時の展開」では、1時間の授業を大きく「つかむ」「調べる」「まとめる」という3つで構成しています。

そこでまず、どのような目的・タイミングで資料を提示するか、板書のポイントを示しています。

また、どのような発問で子供の意欲を喚起し、学習活動を展開していけばよいのかをT（教師）とC（子供）で表し、「本時の学習の大きな流れ」を捉えられるようにしています。

つかむ
出合う・問いをもつ

学校のまわりについて調べる学習計画を立てよう

本時の目標
学校のまわりの様子を、代表的な町の鳥瞰図や生活科で作った地図をもとに考えることを通して、学習問題をつくり、学習計画を立てる。

本時の主な評価
土地の様子、建物の様子、交通の様子など、自分たちが住む町との違いに着目して問いを見いだし、学習問題や学習計画を考え、適切に表現している【思①】 見学の見通しをもっている【主①】

用意するもの
町の様子を描いた鳥瞰図、生活科で作成したまちたんけん地図、電子黒板

本時の展開 ▷▷▷

つかむ　出合う・問いをもつ

板書のポイント
大きく拡大した鳥瞰図を提示し、その中から「人・もの・こと」を見いだし、自分たちの町と比べることで学習問題の設定につなげる。

T　イラストの町には、どんな「人・もの・こと」がありますか？ **1**
C　大きな駅があって人がたくさんだ。
T　みんなの学校のまわりも、同じような町の様子ですか？
C　同じところと、ちがうところがある。
T　これから学校のまわりの様子を調べる学習計画を考えましょう。
＊本時のめあてを板書する。

学校のまわりのようす
026

調べる　情報を集める・読み取る・考える・話し合う

板書のポイント
鳥瞰図から発見した多くの事象の中から1人1つ選び、カードに書く。そのカードを自由に操作しながら、子供たちと一緒に分類していく。

T　みんなに紹介したい発見を1つ選び、選んだ発見をカードに書きましょう。 **2**
C　畑があって、何かを育てている。
C　大きな病院がある。
T　カードを仲間分けします。郵便局やマンション、病院は何の仲間ですか？
C　建物だと思う。
T　町のようすはどんな建物かによって変わってきますね。駅やバス停はどうですか？ **3**
C　駅やバス停は交通に関わるものだ。

本時のめあて　学校のまわりに **1**

○町の人・もの・ことを見つけよう

分かったこと
・町には多くの人・もの・ことがある。
・たて物が多いところや自ぜんが多いところなど、ちがいがある。

ぎもん
私たちの学校のまわりもこの町のようなようすなのかな？

学習活動の解説

次に、3つの展開ごとの学習活動を読み進め、次の点に留意して授業場面をイメージしましょう。
○資料提示やプリント類の配布のタイミング
○指示や発問など、子供への教師の働きかけ
○子供の発言を受けての教師の切り返しや寸評、板書するタイミング
○作業中の子供一人一人への指導・支援

ついて調べる学習計画を立てよう。

土地のようす **3** 建物のようす — 交通のようす **4**

2

川		ゆうびん局		大きなえき
畑		マンション		バスてい
ビニールハウス		びょういん		交差点

○生活科でつくった地図

| 学習問題 | わたしたちの学校のまわりは、どのようなようすなのだろう。地図にまとめて、お家の人に伝えよう。 |

5 よそう → 学習計画

土地のようす　中央公園は、緑が多いと思うよ。
建物のようす　駅の方は、人が多いと思うよ。
交通のようす　大きな道には車が多いと思うよ。

①見学コースを決めよう。
②見学に行って調べよう。
　「土地」「たて物」「交通」
③地図にまとめよう。
④お家の人にしょうかいしよう。

まとめる 整理する・生かす

板書のポイント
生活科で作成した地図を用いて、学校のまわりを思い浮かべ、学習問題に対する予想をし、予想から学習計画を立てる。

T　わたしたちの学校のまわりは、実際どのようなようすなのでしょう。生活科で作った地図を見ながら、予想してみましょう。 **4**
C　中央公園には、木が多く、緑があったね。
C　駅の方は、人が多く賑やかだと思う。
C　大きな道にはたくさんの車が通っている。
T　では、これから「土地のようす」「建物のようす」「交通のようす」について調べて、学校のまわりはどのような様子か考えていきましょう。 **5**

第1時
027

学習のまとめの例

〈ノートの記述例〉
学校のまわりの様子についての疑問や見学で知りたいことなどについて記述させる。
・イラストの町を空から見てみると、森や川などの「土地のようす」やビルや神社などの「建物のようす」がちがっています。道や駅などの「交通のようす」はどうがうのでしょう。
・学校のまわりの「土地のようす」「建物のようす」「交通のようす」を調べて、イラストの町とどんなちがいがあるか実際に確かめてみたいです。

板書内の解説

1　本単元の学習問題

まず、「学習問題」を見て、「単元全体を貫く学習問題は何か」をおさえるようにしましょう。

「学習問題」は、それを設定する時間や、その解決に向かう時間など、板書が必要な時間にのみ提示されます。

2　本時のめあて

次に、「めあて」を見て、「子供に、どのような学習のめあてをもたせれば、子供主体の学習が展開できるのか」を考えましょう。

また、「めあて」は、「～だろうか」という「問い」の形式と、「しよう」という「活動」の形式の双方があります。

どちらがよいということではなく、「何かについて考えさせたいのか」「調べさせたいのか」「対話させたいのか」など、本時において子供にしてほしいことに応じて使い分けます。

3　板書のポイント

本書の板書には、大きく分けて次の12の要素があります。

「本時のめあて」「よそう」「ぎもん」「分かったこと」「調べたこと」「気付いたこと」「話し合って考えたこと」「学習問題」「学習計画」「学習のまとめ」「ふりかえり」

このなかから本時で必要な要素を組み合わせて板書を構成しています。

また、本時の展開と板書の進行がひと目で分かるように、その順序に番号を振っています。

学習のまとめの例

ここでは、本時の学習のまとめとして出される子供の発言、ノートやワークシートの記述、振り返りの例を掲載しています。本時の学習のゴールの姿を子供の言葉で具体的に示すことにより、「子供がどのように変容すれば、本時の目標が実現できたのか」を見取れるようにしています。また、これらの内容をもとに、「子供たちの意識を、次時の学習にどうつないでいけばよいか」をイメージする着眼点ともなるものです。

板書で見る全単元・全時間の授業のすべて

小学校社会 3年

もくじ

第3学年における
指導のポイント

子供たちに社会科で目指す資質・能力を
養う授業づくりを

1 第 3 学年の内容と単元づくり

　第 3 学年では、学習指導要領に次の 4 つの内容が示されています。また、それぞれの内容は、 1 つまたは 2 つの単元を想定できる内容に分けて示されています。

⑴　**身近な地域や市の様子**
　　単元：私たちの市の様子
　　＊単元①：学校の周りの様子、単元②：市の様子とすることも考えられる。
⑵　**地域に見られる生産や販売の仕事**
　　単元①：工場（農家）の仕事、単元②：スーパーマーケットで働く人々
⑶　**安全を守る活動**
　　単元①：火事を防ぐ、単元②：事故や事件から守る
⑷　**市の様子の移り変わり**
　　単元：私たちの市やくらしの移り変わり

　上記の「単元：名称」としている事項は、学習指導要領の文言を使用して端的に表しているものであり、必ずしも単元名ではありません。単元についてはこれ以外の内容構成も考えられますので、基本的には、指導する教師が教材研究などを通して自分で考えればよいものです。単元名も同様です。

2 技能を身に付け能力を養う授業づくり

　社会科の授業づくりでは、これまでも調べたり考えたりすることが重視されてきました。新しい学習指導要領でも、深い学びを目指して調べたり考えたりすることが求められています。
　特に、第 3 学年においては、以下などが大切です。

○土地利用の様子を観察・調査したり、商店や工場などを見学・調査したり、博物館や資料館などで関係者から聞き取り調査をしたりするなど調査活動を行う技能や、地図帳（教科用図書地図）や市販の地図、その他の資料を活用する技能を身に付けること。
○身近な地域や市の場所による違い、生産の仕事と地域の人々の生活の関連や販売の仕事に見られる工夫、人々の安全を守る関係機関の相互の関連やそこに従事する人々の働き、市や人々の生活の変化などを考える力を養うようにすること。
○地域や自分自身の安全に関して、地域や生活における課題を見いだし、それらの解決のために自分たちにできることを選択・判断したり、これからの市の発展について考えたりする力を養うようにすること。
○考えたことや選択・判断したことを文章で記述したり、資料などを用いて説明したり、話し

合ったりする力を養うようにすること。

　身に付けるため、養うためには、まずはそういう学習場面を設定することと捉えるとよいでしょう。

3 よりよい社会を考え学習したことを社会生活につなげる授業づくり

　新学習指導要領においては、「社会に開かれた教育課程」が求められており、社会科も同様です。社会科で学ぶことは、社会的事象すなわち社会における物事や出来事なので、なおさらです。

　そこで、単元の終末には、それまでの学習を振り返り、学習したことを確認するとともに、学習成果を基に生活の在り方やこれからの社会の発展などについて考えようとする態度を養うようにすることが大切になります。そうすることで、社会科で学習したことが、授業の終了とともに終わるのではなく、社会生活につながるようになるからです。

　こうした学習場面を繰り返し設定することにより、学年を通じて「自分たちの生活している地域社会としての市区町村に対する愛情を養うこと」や「自分も地域の一員であるという自覚や、これからの地域の発展を実現していくために共に努力し、協力しようとする意識などを養うこと」につながるのです。したがって、本書では各単元の目標にはそうした自覚や愛情などを直接的な言葉では記述していません。左記の内容(1)(2)など複数の単元をまとめたレベル、いわゆる「大単元」の目標として想定したほうがよいと考えているからです。

4 具体的な事例を通して「市の様子」が見える授業づくり

　第3学年の内容は、自分たちの住む地域としての市を中心とした内容です。しかし、「市」という地域概念は、なかなか子供に理解できるものではありません。そこで、それぞれの内容で具体的な「事例」を取り上げることが大切です。「市内の場所による様子の違い」「公共施設の場所や主な働き」「地域と結び付く生産の仕事」「市の交通の発達や土地利用の変化」などの事例です。これらが全て子供の中でつながって「私たちの市」という地域概念として形成されます。

　これらの事例は、学校や教師が教科書を参考にしたり地域の実態を踏まえたりして決めることになります。事例を決める際には、例えば次のようなチェックポイントを考えるとよいでしょう。

☑地域の人々との関わりを捉えやすい事例か
☑市の特産物や代表的な建物など、市の様子を理解するための典型的な事例となるか
☑人々の工夫や努力、活動の様子などを具体的に捉えることができる事例か

　大切なことは、事例そのものの理解ではなく、事例を通して自分たちの市の様子やそこで活動する人々の様子が見えるようにすること、社会的事象の特色や意味などを考えるようにすることです。

単元を見通して、
主体的・対話的で深い学びの実現を

　新学習指導要領では、授業改善の視点として「主体的・対話的で深い学び」の実現を目指すことが求められています。単元の中で、例えば、主体的に学習に取り組めるよう学習の見通しを立てたり学習したことを振り返ったりして、自身の学びや変容を自覚できる場面をどこに設定するか、対話によって自分の考えなどを広げたり深めたりする場面をどこに設定するか、学びの深まりをつくりだすために、子供が考える場面と教師が教える場面をどのように組み立てるか、といった視点で授業改善を進めることが求められているのです。

1　主体的な学びを目指して

　主体的な学びの実現については、子供が社会的事象から学習問題を見いだし、その解決への見通しをもって取り組むようにすることが大切です。そのためには、学習対象に対する関心を高め問題意識をもつようにするとともに、予想したり学習計画を立てたりして、追究・解決方法を検討すること、また、学習したことを振り返り、学習成果を吟味したり新たな問いを見いだしたりすること、さらに、学んだことを基に自らの生活を見つめたり社会生活に向けて生かしたりすることが必要です。
　そこで、例えば第3学年においては、以下が考えられます。

○学習する前に子供が知っていることや前に学習したことの振り返りを丁寧に行うこと。
○地域や市の様子への関心を高めるために地図に親しむ活動を取り入れること。
○家族から買い物をする際に気を付けていることなどの話を聞いて消費者ニーズに関心を高めるようにすること。
○写真や映像などで子供たちにイメージをもたせるとともに、比較する写真やグラフなどのデータを提示して、疑問点や知りたいことなどを丁寧に引き出し、学習問題の設定につなげること。
○地域の工場や畑の仕事、お店の仕事などを調べる際に、予想について十分に話し合い、「見てくること・聞いてくること」などの計画をしっかり立ててから見学に行くようにすること。
○消防署などの働きで学んだことや調べる視点などを生かして、警察署などの働きを予想したり学習計画を立てたりすること。
○学習問題を設定して終わりではなく、それについてどう思うかなど、丁寧に予想や疑問点を引き出してから調べる活動に入ること。
○単元の中で、何度か「振り返り」を行い、学習問題は解決したか、まとめはこれでよいかなど、問題解決の状況を意識させるようにすること。

2 対話的な学びを目指して

　対話的な学びの実現については、学習過程を通じた様々な場面で子供相互の話合いや討論などの活動を一層充実させることが大切です。また、実社会で働く人々から話を聞いたりする活動の一層の充実も考えられます。対話的な学びを実現することにより、子供一人一人が多様な視点を身に付け、社会的事象の特色や意味などを多角的に考えられるようにすることが大切です。

　そこで、例えば第3学年においては、以下が考えられます。

○お店の仕事などについて、各自が自分の予想に沿って見学して情報を集めたり資料を選んだり、自分の疑問点を調べてまとめたりする「一人学び」の活動を工夫し、情報交換の必要性を生み出すようにすること。
○比較したり関連付けたりするよう資料提示を工夫し、学級全体で焦点を絞った話合いができるようにすること。
○地域の農家の人、お店の人、警察官などをゲスト・ティーチャーとして招き、話を聞くだけでなく、質問したり意見を交換したりする活動を工夫すること。
○グループ活動を適宜取り入れ、ミニ・ホワイトボードなどを使って、結論だけでなく話合いの経過や出された意見などを「グループの考え」として発表できるようにすること。

3 深い学びを目指して

　主体的・対話的な学びを深い学びにつなげられるよう単元展開を工夫することが大切です。そのためには、子供が社会的事象の見方・考え方を働かせて、社会的事象の特色や意味など社会の中で使うことのできる応用性や汎用性のある概念などに関する知識を獲得するように問題解決的な学習を展開することが大切です。また、学んだことを生活や社会に向けて活用する場面では、社会に見られる課題を把握して、その解決に向けて社会への関わり方を選択・判断することなどの活動を重視することも大切です。

　そこで、例えば第3学年においては、以下が考えられます。

○「私たちの市」内の特徴的な場所を社会的な条件や自然条件などと関連付けながら説明できるようにすること。
○販売の仕事の工夫を「お店」「消費者」などの言葉を用いてまとめるようにすること。
○火災からくらしを守るための人々の取組を「消防署」「消防団」「地域に人々」などのキーワードを結び付けながら人々の関係やつながりをまとめるようにすること。
○地域の安全を守るためには何が一番大切か、スーパーマーケットとコンビニはどっちが便利か、人口が増えないとよりよい街づくりはできないのかなどと、学んだことを基にして深く考えるための問いを工夫して、話合いができるようにすること。
○学んだことを生かして、自分たちにできることについてアイディアを出し合い、その中から自分にもできそうなことを選択・判断できるようにすること。
○「こんなまちになってほしい」など市の将来への願いを表現すること。

子供が見方・考え方を働かせるように
資料提示や問い、対話的な活動の工夫を

「見方・考え方」とは「物事を捉えていく視点や考え方」であると、学習指導要領（総則・平成29年告示）では説明されています。小学校社会科では、それを「社会的事象の見方・考え方」と称して、次のように説明しています。

> 位置や空間的な広がり、時期や時間の経過、事象や人々の相互関係など（視点）に着目して社会的事象を捉え、比較・分類したり総合したり、地域の人々や国民の生活と関連付けたりすること（方法）　　　　　　　　　　　　　　　　　　　　　　　＊（　）内は筆者が追記

第3学年の内容で、「○○に着目して」の部分を見ると、次のことが書かれています。

> (1)　イ　(ア)　都道府県内における市の位置、市の地形や土地利用、交通の広がり、市役所など主な公共施設の場所と働き、古くから残る建造物の分布など
> (2)　イ　(ア)　仕事の種類や産地の分布、仕事の工程など
> 　　　イ　(ア)　消費者の願い、販売の仕方、他地域や外国との関わりなど
> (3)　イ　(ア)　施設・設備などの配置、緊急時への備えや対応など
> (4)　イ　(ア)　交通や公共施設、土地利用や人口、生活の道具などの時期による違い

すなわち、次の視点がそれぞれの内容に位置付けられているのです。

位置、地形、広がり、場所、分布、配置 ……………………………位置や空間的な広がりの視点
時期 …………………………………………………………………………………時期や時間の経過の視点
働き、願い、関わり、対応 ………………………………………………事象や人々の相互関係の視点
種類、工程、備え ………………………………………………………………………………その他の視点

1 問いの工夫

　これらの視点を授業に生かすようにするには、次のように問いに変換して、「本時のめあて」に入れたり発問したりして子供に届ける工夫が考えられます。

> 例：「消費者の願い」　→本時のめあて「お家の人は買い物のときにどんなこと考えるか」など
> 　　「販売の仕方」　　→本時のめあて「なぜ○時にタイムセールをやっているのか」など
> 　　「外国との関わり」　→本時のめあて「なぜ遠い外国から商品を仕入れているのか」
> 　　　　　　　　　　　　　　「働く人はどこから来るのか」など

　このように、位置や空間的な広がり、時期や時間の経過、事象や人々の相互関係の視点のほかにも、様々な視点が考えられます。また、教師の一方的な展開にならないよう、単元の学習問題についての予想を通して、子供からこうした問いが生まれるように意図することが大切です。

2 資料提示の工夫

　そこで、資料提示を工夫して、子供から問いやそれにつながる疑問が出されるように工夫することが大切です。また「比較しなさい」「関連付けなさい」ではなく、子供自らが比較という視点をもてるように、関連付けるような資料提示を工夫する必要もあります。

　社会科では、これまでも地図や年表、図表などから情報を読み取ることを重視してきました。まずは、こうした資料を必要な場面で十分に生かしていくことが大切です。ただし、地図を見せれば、子供が空間的な広がりに着目するとは限りません。また、年表を見せれば時間の経過に着目するとは限りません。また、そこには、資料の適切な加工の仕方や提示の仕方が必要になります。どのように提示すれば、あるいはどのように問いかければ、教師が意図した問いにつながる疑問が子供から出されるのかをよく考えてみることが大切です。

3 対話的な学習活動の工夫

　社会科では「社会的事象の見方・考え方」を働かせて学ぶというように授業を仕組んでいくわけですが、子供の中では、他教科で働かせる見方・考え方と結び付いて、「自分の見方・考え方」として成長していくと考えられます。そのため、実際の授業では、子供同士の交流によって、多様な「見方・考え方」が鍛えられていくことを大切にしたいものです。見方・考え方は固定的なものとして教え込むものではなく、あくまでも子供が使えるようにするものだからです。比較したり関連付けたりする思考も、子供同士の対話的な学びから自然と生まれることが多いのです。

　子供は自分で調べたことや教師から提供された情報を基にして、知識や互いの意見などを比べたりつなげたりして考え、言葉や文でまとめます。こうした思考や表現の過程を重視して社会的事象の特色や意味などを追究するプロセスが大切です。このプロセスにより、社会的事象の意味には多様な解釈があることを学ぶことにもなります。

　また、このことが社会への関わり方を選択・判断する際に大きく影響するはずです。選択・判断する場面は、学んだことを使う場面でもあります。「選択」は選ぶことなので、多様な意見や解釈の中から自分の判断で選ぶことができるようになるためにも、対話的な学習活動は不可欠なものであるのです。

目的に応じて柔軟に工夫することが板書の工夫

1 子供と教師の協働作業としての板書

社会科の授業における板書には、主に次の4種類のことが書かれます。

> ①子供の気付きや疑問、考えや意見
> ②教師が教材について説明するための言葉
> ③本時の目標を実現するための言葉
> ④問いに関する言葉

①子供の気付きや疑問、考えや意見

子供たちの発言を受けて書く文字です。資料から気付いたこと、疑問に思ったこと、問いに対する予想などについて考えたこと、示された事実に対する自分の意見などです。これらはなるべく子供の言葉を生かしながら板書することが大切です。

②教師が教材について説明するための言葉

教師が教材を子供に届けるために書く文字です。社会科の授業では、○○工場の生産の仕事、○○地域の気候の特徴など、事例を取り上げて学ぶことが多いため、その事例について説明する言葉が必要になります。例えば、「ていねいな作業」「大量生産」「1年を通して温暖な気候」などといった言葉です。これらは、子供たちの発言を生かして書かれることが多いのですが、子供から発言されなくても、事例について理解させるために必要な場合は、書く必要があります。

③本時の目標を実現するための言葉

社会科の授業では、事例を通して社会的事象の特色や意味、社会の仕組みなどが子供に分かるようにすることが大切です。そのためには、それらに目を向けるようにする言葉が必要です。例えば、環境にやさしい、受け継がれる伝統、地域のつながり、協力や連携、生産者、消費者などといった、社会的事象の意味や特色を明確にする言葉、立場を意識させて人々の結び付きが分かるようにする言葉などです。これらの言葉は、教材研究によって意識することができます。これらの言葉を意識することによって、板書が構造的になります。

④問いに関する言葉

本時の問いはもとより、子供の疑問などを取り上げたり、教師の発問を明示したりするなど、問いに関する言葉を板書することはとても大切です。物事の理解はQ&Aで進むように、問いがないまま答えだけが羅列される板書では、子供は事実を整理して理解することができません。もちろん板書が問いだらけになっても子供は混乱します。本時の問いは、しっかりと文で示し、その他の問いはキーワードと「？」（クエスチョン・マーク）で書くなど、かき分けることも大切です。

上記の③や④の言葉は、見方・考え方を働かせるための視点にも通じるものです。

2 様々なパターンが見られる板書

板書の形式には決まりはありませんが、実際の授業では次のようなパターンが多く見られます。

①問題解決の基本パターン

はじめに資料が提示されてそれを基に話し合いながら本時の問いを立てます。分かったこと、考えたことを書いていきます。最後に本時の問いに対するまとめ（結論）が書かれる形です。

いわば問題解決のサイクルがそのまま板書に現れるパターンといってもよいでしょう。

②対立討論パターン

問いは事前に子供に示されており、立場が分かれたところからスタートします。それぞれの考えの根拠や理由を言葉や資料で主張し合ったり反対意見を述べたりする様子を板書で整理していきます。後半にはまとめにつながるような資料や情報が提示されて、各自の結論が表現されますが、結論は一つではないこと、残された課題があることなどが書かれる場合もあります。

③その他

ほかにも様々なパターンがあります（イメージのみで細かな記述は省略しています）。

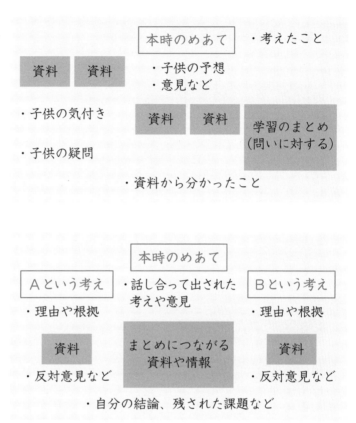

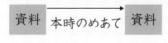

④ノート指導のポイント

ノートを黒板と連動させるように指導すると、子供は自分でノートに書きやすいことが考えられます。といっても、黒板を写させるのとは違います。本時の問い、自分の予想、自分の考え、友達の考え、自分のまとめ、学級全体のまとめ、振り返り、資料など、問題解決のサイクルを意識させるように書かせていくことが大切です。

単元を見通して毎時のめあてを考える

1 単元の学習問題と問いの関係

図1

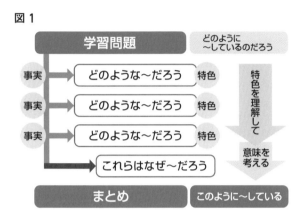

図1は、単元の学習問題は「どのように」型で、調べる事項を方向付けるようにつくり、毎時のめあては、具体的な事実を通して、特色や意味に迫るようにつくればよいという考え方です。もしも単元のはじめに、単元の終末までを見通した学習問題を設定したいのであれば、「自動車生産の課題を調べて改善策を提案しよう」といった、いわゆるパフォーマンス型の学習問題を提示する方法などが考えられます。その際、子供の発達の段階に即しているか、必然性はあるかなどを検討する必要があります。

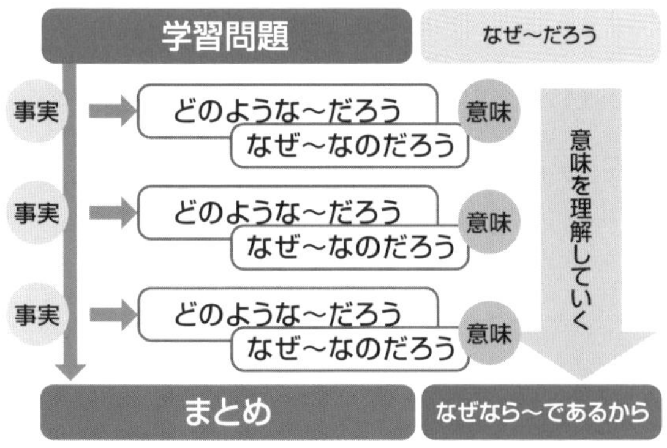

図2

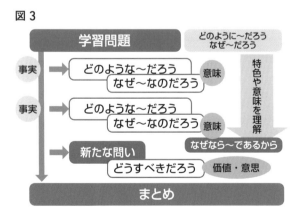

図2は、毎時の授業の中で「なぜ」という問いを導き出して、丁寧に社会的事象の意味に迫っていく学習展開を考えた例です。この場合、単元の学習問題も「なぜ」型にすることも多いのですが、子供たちが出し合った予想を順番に調べたり考えたりしていくという展開としては、上記の例と大きな違いはありません。このようにいろいろな展開を工夫してみることが大切です。

図3は、社会的事象の特色や意味を考え理解することを単元の終わりとはせず、終末に新たな問いが設定されることを示している図です。目標を実現することを重視するならば、「単元の学習問題は1つに限定することはない」と考えることもできます。

実際、「こんなに良質な食料を生産しているのに、なぜ自給率が低いのか」など別の視点から「問い直す」新たな問いや、「私たちにできることは

図3

何か」「何を優先すべきか」など、自分たちに引き寄せて「社会への関わり方を問う」新たな問いが単元の終末で設定される授業は多くの地域で見られます。

2 「本時のめあて」の様々なパターン

　本書では、これらの問いの質を踏まえ、「本時のめあて」として次のような様々なパターンを想定しています。

(1)　事実や様子を調べる

○「調べよう」型

　問いというよりも活動を示唆する形です。「○○について調べよう」という言葉の背後には、「どのような」型や「なぜ」型の問いが隠されていることが多いのですが、それを表に出さずに子供の中にそれらが醸成されることを期待しています。したがって、教師は問いを意識しておくことが大切です。「なぜ（どのように）〜なのか調べよう」とすれば、問いが含まれる複合型のようになります。

○「どのように」型

　社会的事象の様子を捉えるために、まず事実から調べることを前面に出す問いです。単元の学習問題は、様々な社会的事象を調べてからその意味を考えることが多いので、まずは「どのように」型の学習問題でスタートする単元展開が多く見られます。

(2)　社会的事象の特色や意味を考える

○「なぜ」型

　社会的事象の意味を追究する問いです。特に理由や背景、因果関係、条件などを考えるためには有効な問いになります。社会科の授業では、いきなり登場することは少なく、教師が提示する情報（資料など）から疑問を引き出した後に用いられたり、子供が調べた事実を集めてから改めて用いられたりすることが多いようです。

○「どっちが」型

　ＡとＢのどっちがよいか、などと選択を迫る問いで、多くの場合、対話的な学びを生み出すための手立てとして用いられます。目標に直接迫る問いというよりも、前段階として立場を明確にして社会的事象の意味や価値などを考えるための「仮の問い」と考えたほうがよいかもしれません。

　単元の終末に「自分たちにできること」を考える際の意思決定を求める問いとして用いられることもあります。

○「調べて考えよう」型

　「調べよう」と投げかけて、活動だけで終わらないようにするために、「〜について考えよう」などと、特色や意味などの理解に迫ることを求める問いです。学習の流れを示しているとも取れるので、学習の見通しをもつようにすることを大切にしている問いといってもよいかもしれません。

(3)　社会への関わり方を選択・判断する

○「どうすべきか」型

　社会参画を視野に入れて、これからの自分たちの関わり方を考えるときなどに用いる問いです。

　必ずしも結論が一致せず、答えが多様にあることを許容することが大切な問いで、「オープンエンド」などと言われる終わり方が特徴です。子供が自分の意思を決めることが大切になります。

　めあての形は、ほかにも考えられると思いますが、いろいろなものが組み合わさって単元が構成させると考えるとよいでしょう。

単元を見通して、3観点の趣旨を踏まえてバランスよい評価計画を

1 観点別学習状況評価の観点の趣旨（第3学年）

(1) 知識・技能
　身近な地域や区市町村の地理的環境、地域の安全を守るための諸活動や地域の産業と消費生活の様子、地域の様子の移り変わりについて、人々の生活と関連を踏まえて理解しているとともに、調査活動、地図帳や各種の具体的な資料を通して、必要な情報を調べまとめている。

(2) 思考・判断・表現
　地域における社会的事象の特色や相互の関連、意味を考えたり、社会に見られる課題を把握して、その解決に向けて社会への関わり方を選択・判断したり、考えたことや選択・判断したことを表現したりしている。

(3) 主体的に学習に取り組む態度
　地域における社会的事象について、地域社会に対する誇りと愛情をもつ地域社会の将来の担い手として、主体的に問題解決しようとしたり、よりよい社会を考え学習したことを社会生活に生かそうとしたりしている。

2 学習評価の目的と評価場面

学習評価の目的には、大きく捉えて次の2つがあります。

(1) 指導に生かす評価
　子供のその時点での学習状況を捉えて、その後の指導に生かしたり授業改善に生かしたりして、一人一人の学力を高めるという目的です。このことは学校全体として捉えれば、子供たちの評価結果を集計して、学校としての教育課程や指導方法の改善につなげることにもなります。カリキュラム・マネジメントの一環です。
　指導に生かす評価場面としては、右図の各観点における評価規準「①」を基本として捉えるとよいでしょう。単元の前半から「ABC」などと記録に残すことに追われず、しっかり指導することが大切だからです。単元前半は、Cの状況を放っておかず指導し改善するのが教師の義務です。

(2) 記録に残す評価
　子供にどの程度の学力が身に付いたかを学習成果として記録するという目的もあります。法定の表簿「児童指導要録」や各学校で作成する「通知表」等に記載するために評価資料として集めるという趣旨です。指導に生かすことが基本であるとしても、その単元が終わる、学期が終わる、学年が終わるなど「期限」があるため、記録に残すことは避けて通れません。
　記録に残す評価場面としては、右図の各観点における評価規準「②」を基本として捉えると

よいでしょう。単元の後半には、指導したことの成果が子供の表現から見取れるようになるからです。「(教師が)指導したことの成果(結果)を評価する」のが原則です。

3 評価計画の考え方

学習評価は、単元を見通して計画的に行うようにします。たとえば、下記のような評価規準を考え(ここでは基本形として書いています)、それを単元の指導計画にバランスよく位置付ける方法です。必ずしも1度ずつというわけではありません。何度も登場する評価規準もあり得ます。一方、指導計画に位置付かない評価規準は書く必要がありません。

その際、目標との関係が大切です。目標に描かれていることを分析的に評価するための評価規準だからです。そのため、評価規準は、左の「観点の趣旨」と比べると、子供の学習活動に照らして学習状況を測れるように、具体的に書かれています。

4 評価規準の書き方

評価規準の基本形は、学習指導要領から導き出すことができます。学習指導要領の内容の書き方には次のようなパターンがあります。

⑴　A について、学習の問題を追究・解決する活動を通して、次の事項を身に付けることができるよう指導する。
　　ア　次のような知識・技能を身に付けること
　　　㋐　B を理解すること
　　　㋑　C などで調べて D などにまとめること
　　イ　次のような思考力、判断力、表現力等を身に付けること
　　　㋐　E などに着目して、F を捉え、G を考え、表現すること

⑴　評価規準の例

知識・技能	思考・判断・表現	主体的に学習に取り組む態度
①E などについて、C などで調べて、必要な情報を集め、読み取り、F を理解している。 ②調べたことを D や文などにまとめ、B を理解している。	①E などに着目して、問いを見いだし、F について考え表現している。 ②比較・関連付け、総合などして G を考えたり、学習したことを基に社会への関わり方を選択・判断したりして、適切に表現している。	①A(に関する事項)について、予想や学習計画を立て、学習を振り返ったり、見直したりして、学習問題を追究し、解決しようとしている。 ②よりよい社会を考え、学習したことを社会生活に生かそうとしている。

⑵　位置付けの例(観点名は簡略して、思考・判断・表現→【思】と記述)
　たとえば、上記の評価規準を指導計画に位置付ける例としては次のようなものが考えられます。
　○「つかむ」段階………【思①】【主①】
　○「調べる」段階………【知①】を中心に【思①】【主①】を適宜
　○「まとめる」段階……【思②】【知②】
　○「いかす」段階………【主②】

1

わたしたちのまち
みんなのまち

1 （5 時間）

学校のまわりのようす

単元の目標

市内における学校のまわりの地域の位置、学校のまわりの地域の地形や土地利用、交通の広がり、主な公共施設の場所と働き、古くから残る建造物の分布などに着目して、見学・調査、地図などの資料で調べ、場所による違いを考え、表現することを通して、学校のまわりの様子を大まかに理解できるようにするとともに、主体的に学習問題を追究・解決しようとする態度を養う。

学習指導要領との関連　内容(1)「身近な地域や市区町村の様子」アの(ア)(イ)及びイの(ア)

第 1 時	第 2・3 時
つかむ「出合う・問いをもつ」	調べる
〔第 1 時〕 ○学校のまわりについて調べる学習計画を立てよう。　　　　　　　　　　　　　【思①】 ・代表的な町の様子を描いた鳥瞰図等を見て、どのような建物があり、どのような人が働いているかを話し合う。 ・屋上から見た町の写真（航空写真）との違いについて話し合う。 ★自分たちが住む町と比べて考える。 ○わたしたちの学校のまわりはどのような様子かを話し合い、学習問題をつくろう。 ・生活科で作成した「まちたんけん地図」を見てもっと知りたいことを話し合う。 ★建物の位置や分布などに着目する。 【学習問題】 わたしたちの学校のまわりは、どのようなようすなのだろう。地図にまとめて、お家の人に伝えよう。 ○どこでどんなことを見学したらよいのだろう。 ・見学コースを話し合う。　　　　　　　【主①】 ・見学で見てくるものを確かめ合う。 ・見学のまとめの方法を話し合う。	〔第 2 時〕 ○学校の屋上から町を見ると、何が分かるのだろう。　　　　　　　　　　　　　　【知①】 ・学校を中心として、東西南北の各方角の町の様子を調べるためにグループに分かれる。 ・正しい方位磁針の使い方を確かめ、方位磁針の使い方を調べる。 ・屋上などの高いところから町の様子を観察し、各方角の様子をワークシートにまとめる。 ★地形や土地利用の様子に着目する。 【第 3 時】 ○学校のまわりを見学して調べよう。　【知①】 ・グループごとに担当する方面の町の様子を調べる。 ※学級全体で 4 つの方面を見学する方法もある。 ○学校のまわりのようすを絵地図にまとめよう。 ・方面別に 4 つのグループで町の様子を調べる。 ・調べたことを言葉だけではなく、絵やイラストなどで記録を残していく。 ★大きな道路や駅、バス停など交通の広がり、公共施設などの建物などに着目する。

単元の内容

本単元では、学校を中心とした身近な地域の様子を、市における地域の位置、地形や土地利用、交通の広がり、主な公共施設の場所と働き、古くから残る建造物の分布などに着目し、地域の様子を大まかに捉えることで、地域の様子を捉える視点が子どもたちに養われていく。この視点は、今後の市区町村全体、さらには都道府県全体を調べる学習にも生かされる視点である。

各学校によって地域の様子は違っている。そのため、教師自身がまず事前に教材研究をして、取りあげるべき事例を精選しておく必要がある。また、単に公共施設や建造物の位置を確認するだけではなく、その分布と交通などの社会条件や土地の高低などの地形条件の関連によって、地域の特色や場所による違いが生み出されていることを捉えることも重要である。

単元の評価

知識・技能	思考・判断・表現	主体的に学習に取り組む態度
①市内における学校のまわりの地域の位置、地形や土地利用、交通の広がり、主な公共施設の場所と働き、古くから残る建造物の分布などについて、観察・調査したり地図などの資料などで調べて、必要な情報を集め、読み取り、身近な地域の様子を理解している。 ②見学・調査したことを白地図や文などにまとめ、身近な地域の様子を大まかに理解している。	①市内における学校のまわりの地域の位置、地形や土地利用、交通の広がり、主な公共施設の場所と働き、古くから残る建造物の分布などに着目して、問いを見いだし、地域の様子について考え、表現している。 ②調べたことを比較・関連付け、総合などして場所による違いを考え、学習したことをもとに身近な地域の様子を、絵地図や文章で適切に表現している。	①学校のまわりの地域の様子について、予想や学習計画を立て、学習を振り返ったり見直したりして、学習問題を追究し、解決しようとしている。

【知】：知識・技能　【思】：思考・判断・表現　【主】：主体的に学習に取り組む態度　○：めあて　・：学習活動　★：見方・考え方

第4時	第5時
「情報を集める・読み取る・考える・話し合う」	まとめる「整理する・生かす」
（第4時） ○学校のまわりのようすを絵地図にまとめよう。　　　　　　　　　　　　　　【主①】 ・各グループで調べたことを紹介したり、生活経験を生かしたりして絵地図にまとめる。 ○もっと分かりやすい地図にするためにはどうすればよいのだろう。 ・自分たちで作成した地図と教師が用意した土地利用図を比べて、学校のまわりのようすがより伝わる地図の表現方法を話し合う。 ○作成している地図を修正して、学校のまわりの地図を完成させよう。　　　【思②】 ・地図記号の役割や意味、成り立ちを調べ、自分たちが作成している地図上に位置づける。 ・土地のようすを比べて、土地利用の違いに応じた色分けをする。 ★東西南北の土地のようすを比べて、場所による違いを考える。	（第5時） ○絵地図をもとに、どのようなことをお家の人に伝えたらよいか考えよう。　【知②】 ・完成した絵地図をもとに、学校のまわりの様子を話し合う。 ・学校のまわりの様子について調べて分かったことから紹介することを選ぶ。 ・自分で紹介する場所を数か所選んで、町を紹介する文章を記述する。 ★公共施設の場所と働き、古くから残る建造物の分布などに着目する。 ★土地利用の様子と公共施設の分布を関連付けて町の様子を捉え説明する。 ○学校のまわりのようすをお家の人に伝えよう。 ・家庭に絵地図や紹介文を持ち帰ってお家の人に紹介したり、参観授業の機会に紹介したりする。

問題解決的な学習展開の工夫

　本単元は、初めて社会科と出合う単元である。つかむ段階では、子供たちの生活経験や素朴な疑問を自由に表出させながら、自分たちが暮らす町の様子に目を向け学習問題を設定する。

　調べる段階では、見学や写真資料などの具体的な経験や資料を拠り所に学びを深めていく。また、絵地図作りの活動を通して、子供たちの思考と表現の一体化を図っていく。

　まとめる段階では、町の様子についてお家の人に伝えるという目的をもつことで、「この地図で町のようすが伝わるだろうか」「もっと分かりやすく伝えるためにはどうすればよいだろう」と自分が作成した地図を振り返り、再構成したり、紹介文をよりよく修正したりする。

　このような過程を通して、地域を捉え直し、地域の様子を深く理解できるようにする。

つかむ
出合う・問いをもつ

学校のまわりについて調べる学習計画を立てよう

本時の目標
　学校のまわりの様子を、代表的な町の鳥瞰図や生活科で作った地図をもとに考えることを通して、学習問題をつくり、学習計画を立てる。

本時の主な評価
　土地の様子、建物の様子、交通の様子など、自分たちが住む町との違いに着目して問いを見いだし、学習問題や学習計画を考え、適切に表現している【思①】／見学の見通しをもっている【主①】

用意するもの
　町の様子を描いた鳥観図、生活科で作成したまちたんけん地図、電子黒板

| 本時のめあて | 学校のまわりに |

○町の人・もの・ことを見つけよう

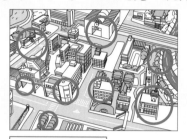

| 分かったこと |

・町には多くの人・もの・ことがある。
・たて物が多いところや自ぜんが多いところなど、ちがいがある。

| ぎもん |

私たちの学校のまわりもこの町のようなようすなのかな？

本時の展開 ▷▷▷

つかむ　出合う・問いをもつ

板書のポイント
大きく拡大した鳥瞰図を提示し、その中から「人・もの・こと」を見いだし、自分たちの町と比べることで学習問題の設定につなげる。

T　イラストの町には、どんな「人・もの・こと」がありますか？　**1**
C　大きな駅があって人がたくさんだ。
T　みんなの学校のまわりも、同じような町の様子ですか？
C　同じところと、ちがうところがある。
T　これから学校のまわりの様子を調べる学習計画を考えましょう。
＊本時のめあてを板書する。

調べる　情報を集める・読み取る・考える・話し合う

板書のポイント
鳥瞰図から発見した多くの事象の中から1人1つ選び、カードに書く。そのカードを自由に操作しながら、子供たちと一緒に分類していく。

T　みんなに紹介したい発見を1つ選び、選んだ発見をカードに書きましょう。　**2**
C　畑があって、何かを育てている。
C　大きな病院がある。
T　カードを仲間分けします。郵便局やマンション、病院は何の仲間ですか？
C　建物だと思う。
T　町のようすはどんな建物かによって変わってきますね。駅やバス停はどうですか？　**3**
C　駅やバス停は交通に関わるものだ。

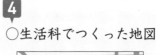

ついて調べる学習計画を立てよう。

┌ 土地のようす ┐	建物のようす	交通のようす	
2			○生活科でつくった地図
川	ゆうびん局	大きなえき	
畑	マンション	バスてい	
ビニールハウス	びょういん	交差点	

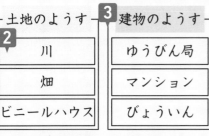

学習問題	わたしたちの学校のまわりは、どのようなようすなのだろう。地図にまとめて、お家の人に伝えよう。

5 よそう → 学習計画

土地のようす 中央公園は、緑が多いと思うよ。
建物のようす 駅の方は、人が多いと思うよ。
交通のようす 大きな道には車が多いと思うよ。

①見学コースを決めよう。
②見学に行って調べよう。
　「土地」「たて物」「交通」
③地図にまとめよう。
④お家の人にしょうかいしよう。

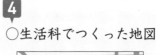

まとめる　整理する・生かす

板書のポイント

生活科で作成した地図を用いて、学校のまわりを思い浮かべ、学習問題に対する予想をし、予想から学習計画を立てる。

T　わたしたちの学校のまわりは、実際どのようなようすなのでしょう。生活科で作った地図を見ながら、予想してみましょう。　**4**
C　中央公園には、木が多く、緑があったよ。
C　駅の方は、人が多く賑やかだと思う。
C　大きな道にはたくさんの車が通っている。
T　では、これから「土地のようす」「建物のようす」「交通のようす」について調べて、学校のまわりはどのような様子か考えていきましょう。　**5**

学習のまとめの例

〈ノートの記述例〉
　学校のまわりの様子についての疑問や見学で知りたいことなどについて記述させる。
・イラストの町を空から見てみると、森や川などの「土地のようす」やビルや神社などの「建物のようす」がちがっています。道や駅などの「交通のようす」はどうちがうのでしょう。
・学校のまわりの「土地のようす」「建物のようす」「交通のようす」を調べて、イラストの町とどんなちがいがあるか実際に確かめてみたいです。

調べる
情報を集める・読み取る・
考える・話し合う

学校の屋上から町を見ると、何が分かるのだろう

本時の目標
　屋上から学校のまわりの四方位を観察し、その様子を比べることを通して、学校のまわりの地形や土地利用の様子をおおむね理解し、見学に行くコースを考える。

本時の主な評価
　地形や土地利用の様子について学校のまわりを観察し、四方位ごとに土地や建物、交通などの様子に違いがあることを捉える【知①】

用意するもの
　観察をしたことを記入するワークシート、バインダー、方位磁針

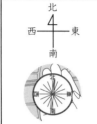

本時のめあて　学校の屋上から

1 ○四方位と　方位じしん

　　北
西 ＋ 東
　　南

D グループ

B グループ

西

・色つきの針→北
・地図はふつう　上が北

3

土　地	小高い山
たて物	香川大学
交　通	細い道路

分かったこと

・北側には海が、南側には山がある。
・北と東はたて物が高く、南と西は、　たて物が低い。
・大きな道路や駅は、東に多い。

本時の展開 ▷▷▷

<table>
<tr>
<td>

つかむ　出合う・問いをもつ

板書のポイント

四方位の意味と地図との関係や、方位磁針の使い方を教室で確認した後、屋上での観察に移る。

T　学校のまわりの方向を伝えたいときには、どのような言葉を使いますか？　**1**
C　東西南北を使う。
T　東西南北のことを、四方位といいます。地図では基本的に、上が北になっています。方位を調べたいときに使う道具は何ですか？
C　方位磁針だ。
T　どのように使うか確認しましょう。
C　平らな場所に置いて色付きの針を北に合わせ、友達と方位を確かめ合うとよいと思う。

</td>
<td>

調べる　情報を集める・読み取る・考える・話し合う

板書のポイント

発見したことや分かったことを、前時で見いだした「土地のようす」「建物のようす」「交通のようす」の３視点で分類してまとめていく。

T　それぞれの方角で、「土地」「建物」「交通」のそれぞれの様子について見付けたことを発表しましょう。　**2**
C　東側には、瓦町駅があった。
T　駅だから交通の様子ですね。駅のまわりはどのような様子でしたか？
C　高いビルがたくさんあった。　**3**
T　西のグループは、東とくらべて分かることはありますか？
C　西側は、東側と比べると低い建物が多い。

</td>
</tr>
</table>

学校のまわりのようす

028

町を見ると、何が分かるのだろう。

北

土地　海
たて物　サンポート高松
交通　細い道路

Aグループ

話し合って考えたこと

・東には、大きな駅や道路があるから、みんな利用するお店が多いと思うよ。
・西は、家が多いから人がたくさん住んでいると思う。
・東西南北でようすがちがう。

2

東

土地　中央公園
たて物　瓦町駅
交通　中央通り

ぎもん

・畑や田んぼはあるの?
・商店街があるはずだけど、見えないね。どんなようすなのかな?
・駅にはどんな人が?

南　Cグループ

土地　小高い山
たて物　ひくいたて物
交通　広い道・バス停

学習のまとめ

学校のまわり（東西南北）の様子は、それぞれちがっている。もっとくわしく調べるために、見学に行こう。

まとめる　整理する・生かす

板書のポイント

「分かること」と「考えたこと」を分けて板書をする。

T　4つの方角の様子を比べて、考えたことを発表しましょう。
C　西は、家が多いのでたくさんの人が住んでいると思う。
C　東には、大きな建物があって、お店が多いと思う。
C　まとめると、東西南北で様子が違っていると思った。
T　調べてみて、疑問はありましたか?
C　見えなかった部分を実際に調べたい。

学習のまとめの例

〈ノートの記述例〉
・東には、大きな道や駅があり、西は、低い住宅が多く、広い大学もありました。北には海があり、南側には山がありました。学校から見た4つの方角の町のようすは、それぞれちがっていることが分かりました。
・商店街は屋上からは見えませんでした。商店街にはどんなお店があって、利用している人々はどのような人なのでしょう。屋上から見えなかったところを見学してみたいです。

※四方位を観察した結果として分かったことやさらなる疑問を記述させる。

調べる
情報を集める・読み取る・考える・話し合う

学校のまわりを
見学して調べよう

本時の目標
　学校のまわりの様子をグループごとに分担して見学し、地図上に位置付けて確かめ合うことで、場所による違いを理解する。

本時の主な評価
　大きな道路や駅、バス停など交通の広がり、公共施設などの建物などについて調べ、その様子を地図に整理して比べることで、場所による違いがあることを理解している【知①】

用意するもの
　観察をしたことを記入するワークシート、電子黒板（見学の約束や道具の使い方を提示）、見学用バインダー、方位磁針

本時の展開 ▷▷▷▷

つかむ　出合う・問いをもつ

板書のポイント
見学に行く際の約束や、インタビューの仕方などを、短い言葉で視覚的に分かるように写真で提示する。

T　見学に行くときにどんなことに気を付けたらいいですか？ 1
C　交通ルールやマナーを守ること。
T　インタビューするときは丁寧な言葉遣いで質問したり、感謝の言葉を伝えましょう。
T　役割分担も確認しましょう。 2
C　ぼくは、地図係だから、みんなの発見を地図に書き込んでいくよ。
C　私は、インタビュー係だから、質問の言葉を考えた。

調べる　情報を集める・読み取る・考える・話し合う

板書のポイント
学校のまわりの白地図を拡大し、見学コースを色分けして提示する。自分たちのコースを確認して、見学の目的を明確にもてるようにする。

T　各グループのコースを確認しましょう。どんなことを見学してきますか？
C　北コースは、大きな学校のような建物が何の建物かを調べる。
C　西側には大学が見えたので、大学の様子を調べる。
C　東側は、商店街の様子を調べる。
C　南側はどんな人がいるかを確かめる。
T　「土地のようす」「建物のようす」「交通のようす」を中心に調べて来てくださいね。

見学して調べよう。

北

学校が見えたけど
小学校かな？

東

商店街にはたく
さんの人がいる
と思うよ

住宅が多いか
ら、人がたくさ
るのかな？

南

| ぎもん | ほかの方角の学校のまわり
は、どのような様子なのだ
ろう？ |

3

分かったこと

（南グループの例）
・出発して東に進むと中央通りがあり、
　南北にのびていた。
・中央通りぞいには、高いビルがたく
　さんあり、交通りょうも多い。
・西にもどっていくと、だんだん高い
　たて物から低いたて物に変わった。

話し合って考えたこと

（南グループの例）
・南側でも、大きな道路やお店がある
　東のほうは、交通量も多くにぎやかで、
　西のほうは、お店も少ないから町がし
　ずかな感じになっている。

学習のまとめ

（南グループの例）
　学校の南側は、住宅が多くしずかな様子だ
った。東側の中央通り沿いは、交通量も多く、
にぎやかな様子だった。

まとめる　整理する・生かす

板書のポイント

絵やイラスト、デジタルカメラで撮影した写真
を地図上に位置付ける。そこから、次時の学習
につながる疑問を共有する。

T　帰ってきたグループから、写真やメモを地
　図上に位置付けていきましょう。どんな発見
　がありましたか？　**3**

C　東側には、中央通りという大きな道があ
　り、たくさんの車が通っていた。商店街に
　は、人がたくさんいた。

C　南側には、あまり人がいなかった。家はた
　くさんあったけど、留守のようだった。

C　他の方角の様子も知りたい。

T　地図をつなげて、報告会をしましょう。

学習のまとめの例

〈振り返りの例（南グループの場合）〉
・私たちは、学校の南側コースを見学
　しました。まず、東の方に向かうと
　中央通りという大きな道路がありま
　した。中央通りは、南北にのびてい
　て、道の両側には高いビルやお店が
　建ち並んでいました。車や自転車の
　交通量も多かったです。

・学校に向かって戻っていくと、だん
　だんと建物が低くなっていきまし
　た。ビルから住宅に変わっていき、
　人の数もへっていきました。南側で
　も、東側はにぎやかで、西側はしず
　かでした。

調べる
情報を集める・読み取る・考える・話し合う

学校のまわりのようすを絵地図にまとめよう

本時の目標
　調べたことを絵地図にまとめるとともに、絵地図と土地利用図を比較することを通して、学校のまわりの様子を考える。

本時の主な評価
　土地利用を色分けするなどして、学校のまわりや東西南北の様子の違いを考えている【思②】／東西南北の土地の様子を比べて、よりよい地図に修正しようとしている【主①】

用意するもの
　子供が作った絵地図、教師が用意した土地利用図

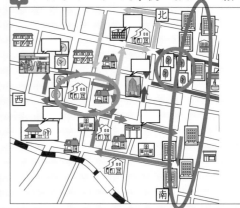

本時のめあて　学校のまわりの

❶ みんなでつくった学校のまわりの絵地

分かったこと

・写真や発見カードがあると、様子がよく分かる。
・まとめ方がそれぞれちがっていて分かりにくくなっている。

本時の展開 ▷▷▷

つかむ　出合う・問いをもつ

板書のポイント
四つの方角のコースごとに、切り分けていた地図を板書で貼り合わせ、その地図を見て分かったことから、分かりやすい地図づくりへつなぐ。

T　東西南北の地図を貼り合わせました。どんなことが分かりますか？　❶
C　みんなの発見がたくさん貼られていて、メモや写真を見ると様子が分かる。
C　でも、なんだか分かりにくいね。
T　なぜ分かりにくいと思うのですか？
C　みんなのまとめ方が違うから。
T　分かりやすい地図にするには、どうすればいいですか？
C　書き方を揃えたらよいと思う。

調べる　情報を集める・読み取る・考える・話し合う

板書のポイント
子供が作成した絵地図と、教師が用意した地図を比較できるように板書に位置付ける。地図記号や色分けのルールを、矢印で関連付けて整理する。

T　書き方を揃えた地図を用意しました。この地図とみんなの絵地図を比べてみましょう。赤く塗られているところの実際の様子はどうでしたか？　❷
C　中央通り沿いだから、絵地図を見ると高い建物が多い。
T　赤く塗られているところは、高い建物が多い場所を表しています。青いところは、何が多い所ですか？
C　絵地図を見ると、低い家が多いところだ。

ようすを絵地図にまとめよう。

より分かりやすく
するためには？

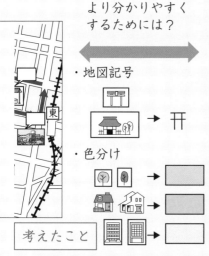

・地図記号

・色分け

考えたこと

・地図記号を使うと、だれが見ても何があるかが分かりやすくなる。
・色分けをすることで、その場所にはどんなものが多いかが分かりやすくなる。

学校のまわりの地図

0　　　　500m

学習のまとめ

地図にまとめるときには、地図記号をつかったり色分けをしたりすることで、見る人にとって分かりやすい地図になる。

まとめる　整理する・生かす

板書のポイント

単元の学習問題を確認し、地図を作成する目的を再確認する。絵地図を修正して考えたことを板書する。

T　もう一度学習問題を振り返ってみましょう。
C　「わたしたちの学校のまわりは、どのようなようすなのだろう。地図にまとめて、お家の人に伝えよう」。
T　お家の人に、学校のまわりの様子が伝わる地図になっていますか？
C　もっと学校のまわりの様子が分かりやすく伝わるように、色分けや地図記号を使って修正したい。
T　みんなの発見も、地図に残しましょう。

学習のまとめの例

〈振り返りの例〉

・グループで作った絵地図を合わせると、それぞれのいいところが見つかりました。でも、みんなまとめ方がちがうので、先生の地図のいいところを取り入れることにしました。
・地図記号や色分けを使うと、地図全体がすっきりして、学校のまわりのようすが分かりやすくなりました。
・見学して気づいたことや撮影した写真をつけ加えて、より分かりやすく、くわしい地図を完成させると、町のようすは東西南北でずいぶんちがうことが分かりました。

絵地図をもとに、どのようなことをお家の人に伝えたらよいか考えよう

本時の目標
絵地図から学校のまわりの様子を話し合うことを通して、学校のまわりは場所によって違いがあることを捉え、学校のまわりの様子をおおまかに理解する。

本時の主な評価
公共施設の場所や働き、古くから残る建物の分布、土地利用の様子と公共施設の分布を関連付けて捉えたことを基に、学校のまわりの様子を説明している【知②】

用意するもの
子供が作った絵地図

本時の展開 ▷▷▷

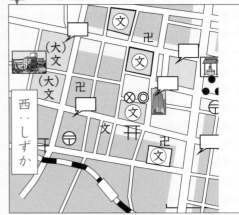

本時のめあて 絵地図をもとに、

1 みんなでつくった学校のまわりの絵地

西…しずか

話し合って考えたこと

- 東側にたくさん人がいたのは、会
- 会社やお店に行く人は、瓦町駅を
- 西側にアパートが多いのは、大学
- 西側がしずかだったのは、昼間は

つかむ　出合う・問いをもつ

板書のポイント
学校のまわりの様子を概観し、「土地のようす」「建物のようす」「交通のようす」の3つの視点で分かることを話し合う。

T　学校のまわりの絵地図が完成しましたね。学校のまわりはどのような様子なのかを、この絵地図から考えていきましょう。 **1**

C　土地の様子は、全体的に平らな土地が広がっていることが分かった。

C　建物は、公共施設が多く集まっていることが分かった。

C　東側に瓦町駅や中央通り、バスターミナルなど、交通きかんが集まっていた。

調べる　情報を集める・読み取る・考える・話し合う

板書のポイント
分かったことを関連付けて、学習問題に対する自分なりの考えをもち、全体で吟味しながら、問題解決を図る。

T　分かったことから学校のまわりの様子をまとめてみましょう。 **2**

C　東側は駅もあり商店街もあって、人も車もたくさんで、にぎやかな様子だった。

C　西側は住宅が多く、昼間は人々が仕事や学校に行っているからしずかな感じがした。

C　全体的に公共しせつや古くから残る神社やお寺もあることが分かった。

C　まとめると、学校のまわりは、東側はにぎやかで、西側はしずかで落ち着いている。

どのようなことをお家の人に伝えたらよいか考えよう。

2 分かったこと　学校のまわりのようすをまとめよう

土地の ようす	全体的に平らな土地が広がっている。 南には、山がありだんだん高くなっている。
たて物 の ようす	東側には、高いビルやお店がたくさん集まっていて、 西側は住宅やアパートが多い。 市役所や警察署、学校など公共しせつが多い。
交通の ようす	東側にある中央通りは、交通りょうが多い。 東側にある瓦町駅にはバスターミナルがある。

まとめると、学校のまわりのようすは……

学習のまとめ

学校のまわりは、お店や会社が集まるにぎやかな
東側と、家や学校が多いしずかな西側で様子が
ちがっている。学校のまわりには、人々が利用す
る公共しせつが多くある。

社やお店を利用するから。
利用している。
に通う大学生が多く住んでいるから。
人々は仕事や学校にでかけているから。

まとめる　整理する・生かす

板書のポイント

本時の板書全体が、保護者へ学校のまわりの様
子を伝える際の下書きになるようにする。

T　お家の人に伝える練習をしましょう。何を
　　使って学校のまわりの様子を伝えますか？
C　みんなで作った絵地図を使いたい。
T　この絵地図は、写真を撮ってみなさんに配
　　りますね。この写真を使って、どのように伝
　　えたらよいですか？
C　今日の授業で話し合ったことを書いたノー
　　トを見ながら、学校のまわりの様子を伝える
　　とよいと思う。
T　お家の人に伝える練習をしましょう。

学習のまとめの例

〈振り返りの例〉

・学校のまわりは、東側は、お店や会
　社が多く、電車やバスを利用する人
　もたくさんいてにぎやかな様子で
　す。西側は、住宅やアパートが多
　く、昼間はしずかなようすでした。
・たて物や交通の様子がちがうから、
　町の様子もちがっていることが分か
　りました。
・全体的に、学校や市役所などの公共
　しせつが多いことが分かりました。
　また、古くから残る神社やお寺もあ
　りました。次は、高松市のほかの場
　所も調べてみたいです。

2 市のようす

単元の目標

　県内における高松市の位置、高松市の地形や土地利用、交通の広がり、市役所など主な公共施設の場所と働き、古くから残る建造物の分布などに着目して、見学・調査、地図などの資料で調べ、場所による違いを考え表現することを通して、高松市の様子を大まかに理解できるようにするとともに、高松市の様子に関心をもち、学習問題を主体的に追究、解決しようとする態度を養う。

学習指導要領との関連　内容(1)「身近な地域や市区町村の様子」アの㋐㋑及びイの㋐

第1・2時	第3～5時
つかむ「出合う・問いをもつ」	調べる
〔第1時〕 ○空から見ると高松市のようすはどうなっているのだろう。　　　　　　　　　　　【思①】 ・航空写真を見て市の広がりを概観し、地図帳で市の位置や形を調べ、自分の生活経験を基に高松市について知っていることを話し合う。 ★高松市の位置に着目する。 〔第2時〕 ○高松市のようすについて調べるにはどうすればよいのだろう。　　　　　　　　　　【思①】 ・航空写真や白地図を見ながら、高松市の様子についてもっと調べたいことを話し合う。 ★地形や土地利用に着目する。 【学習問題】 　わたしたちが住む高松市は、どのようなようすなのだろう。 ○どんなことを調べればよいのだろう。　【主①】 ・どの地域を調べるかについて話し合う。 ・土地の様子や土地の使われ方、公共施設や交通の広がりなど、調べることを話し合う。	〔第3時〕 ○高松市の土地のようすは場所によってどのようなちがいがあるのだろう。　　　　　【知①】 ・地形図や写真をもとに、土地の高いところや低いところ、川やため池、島嶼部の様子を調べ、白地図にまとめる。 ★地形に着目し、場所による違いを考える。 〔第4時〕 ○市役所や市役所のまわりは、どのようになっているのだろう。　　　　　　　　　　【知①】 ・地図を見て市役所の位置を確認し、市役所の役割について調べる。 ・見学でインタビューすることを話し合う。 ★公共施設の場所に着目する。 【第5時】 ○高松市の公共しせつには、どのような役わりがあるのだろう。　　　　　　　　　　【知①】 ・市役所の方の話や公共施設の分布を示した地図をもとに、公共施設の種類や役割について確かめ合う。 ★公共施設の働きに着目する。

単元の内容

　本単元では、学校のまわりで獲得した地域を見る視点を生かし、高松市の地理的な環境の概要を捉えていく。本単元の内容は、今後学習する「生産や販売」「安全を守るための諸活動」「市の様子の移り変わり」を理解する上での基礎となる。本単元の学びを通して、子どもたちが、学習前の高松市のイメージを更新し、さらに今後の学びへの見通しをもてるようにしたい。

　着目する視点ごとに取りあげる事例については、人々の生活とのつながりが色濃く見られるものや、地域の特色を生み出しているものを精選し効果的に取りあげる。公共施設の取扱いについては、その多くが市役所が運営していること、災害時の避難場所に指定されていることに留意して事例をあげ、市民の生活や安全を支える施設であることを理解できるようにする。

単元の評価

知識・技能	思考・判断・表現	主体的に学習に取り組む態度
①県内における高松市の位置、高松市の地形や土地利用、交通の広がり、市役所など主な公共施設の場所と働き、古くから残る建造物の分布などについて、観察・調査したり地図などの資料などで調べたりして、必要な情報を集め、読み取り、高松市の様子を理解している。 ②調べたことを白地図や文などにまとめ、高松市の様子を大まかに理解している。	①県内における高松市の位置、高松市の地形や土地利用、交通の広がり、主な公共施設の場所と働き、古くから残る建造物の分布などに着目して、問いを見いだし、高松市の様子について考え、表現している。 ②調べたことを比較・関連付け、総合などして場所による違いを考え、学習したことを基に高松市の様子を絵地図や文章で表現して、説明している。	①高松市の様子について、予想や学習計画を立て、学習を振り返ったり見直したりして、学習問題を追究し、解決しようとしている。

【知】：知識・技能　【思】：思考・判断・表現　【主】：主体的に学習に取り組む態度　○：めあて　・：学習活動　★：見方・考え方

第6〜8時	第9〜11時
「情報を集める・読み取る・考える・話し合う」	まとめる「整理する・生かす」
〔第6時〕 ○高松市の土地の使われ方は、どのようになっているのだろう。　　　　　　　　【知①】 ・市役所の方の話や集めた資料を基に土地利用の違いを白地図にまとめる。 ★土地利用に着目し、場所による違いを考える。 〔第7時〕 ○高松市の交通は、どのようになっているのだろう。　　　　　　　　　　　　【知①】 ・交通の広がりと土地利用や公共施設の分布を基に人や物の動きを考え、白地図にまとめる。 ★交通の広がりに着目し、場所による違いを考える。 【第8時】 ○高松市に古くから残る建物には、どのようなものがあるのだろう。　　　　　　【知①】 ・市内に残る主な古くから残る建物のいわれを調べ、その位置を地図にまとめる。 ・古くから残る建物が多い場所と少ない場所を比べ、その理由を話し合う。 ★古くから残る建物の分布に着目する。	〔第9時〕 ○高松市のようすやよさが伝わる地図を完成させよう。　　　　　　　　　【知②・主①】 ・市内各地の写真や説明カードを地図上に位置付けたり、土地利用別に色分けして、高松市の地図を完成させる。 ・高松市全体の様子やよさが伝わる地図になっているかを話し合い、地図を修正する。 ★調べたことを関連付けて考える。 〔第10時〕 ○高松市のようすやよさを伝える地図には、どのような題名がふさわしいだろう。　【思②】 ・完成した地図を使って高松市の特色やよさを話し合い、地図の題名を高松市の様子が伝わる短い言葉にまとめる。 ★高松市全体の様子を総合して考える。 【第11時】 ○地図を完成させて、高松市のおすすめスポットを紹介し合おう。　　　　　　　【思②】 ★場所による違いを比較して考える。

問題解決的な学習展開の工夫

　学校のまわりの学習や子供たちの生活経験を生かし、身近な地域から市全体へ子どもたちの視野を広げていく。つかむ段階では、市の白地図上に校区を位置付け、市の広がりを視覚的に捉えたり、市内各地の航空写真を見比べたりして、「高松市にはまだまだ知らない所がある。調べていきたい」という学びへの意欲を高め、単元の見通しをもてるようにする。

　調べる段階では、高松市全体の様子を捉えられるように、市の白地図を用意して分かったことをそのつど白地図上に位置付けるようにする。

　まとめる段階では、完成した地図をもとに、学習問題を解決していく。その際、「地図の題名をつける」言語活動等を設定し、考えを交流したり全体で吟味したりして、高松市とはどんな市か自分なりの考えをもてるようにする。

つかむ
出合う・問いをもつ

空から見ると高松市のようすはどうなっているのだろう

本時の目標
　高松市の航空写真の観察や、校区を地図上で確認する活動を通して、高松市には様々な土地の様子や多様な建物があることを理解し、高松市の様子について調べる意欲を高める。

本時の主な評価
　高松市の航空写真から読み取ったことやこれまでの生活経験に着目して問いを見いだし、高松市について知っていることやもっと知りたいことを出し合っている【思①】

用意するもの
　高松市の航空写真、地図帳、電子黒板（インターネット上の地図サービス）

本時の展開 ▷▷▷

つかむ　出合う・問いをもつ

板書のポイント
子供の空間認識を育てるため、地図帳やインターネットの地図情報サービスを利用して、様々なスケールで高松市の位置を確認する。

T　みなさんが住んでいる高松市は、何県にありますか？　**◀1**
C　香川県の中の高松市だ。
T　では、香川県は何地方にありますか？
C　四国地方にある。
T　日本の中の四国地方の香川県の高松市ですね。地図帳で高松市を見付けてみましょう。地図帳のどこを見ればいいですか？　**◀2**
C　国語事典と同じように索引がある。
T　では、索引を使って確かめましょう。

調べる　情報を集める・読み取る・考える・話し合う

板書のポイント
高松市の航空写真を拡大印刷し、板書に位置付ける。校区の位置を確認し、校区以外の地域に視野を広げていく。

T　これは高松市を上空から撮影した航空写真です。みんなが今いる位置が分かりますか？
C　（前に出て）海の近くで、南に山があるから、このあたりだと思う。
T　校区の範囲に丸を付けてみましょう。　**◀3**
C　校区ってこんなに狭いんだね！
T　航空写真を見て、ほかにはどんなことが分かりますか？
C　南の方は山が多く、中央は住宅が多い。
C　北の海には、島がいくつかあります。

松市のようすはどうなっているのだろう。

❸ 高松市の航空写真

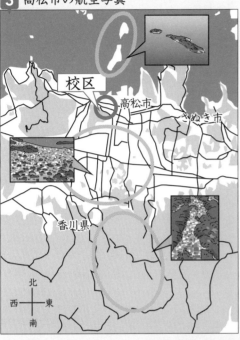

校区

高松市

さぬき市

香川県

北
西 ― 東
南

高松市について知っていること

塩江温泉　屋島　さぬきうどん
五色台　　運動公園
高松空港　栗林公園　庵治石

❹ 分かったこと

・わたしたちの校区は、北の方にある。
・牛の顔のような形をしている。
・いくつかの島もある。
・南の方は、山が多い。中央は家が多い。

❺ ぎもん

・塩江温泉は行ったことはあるけど、
　高松市のどのあたりなのかな？

学習のまとめ

高松市は、四国の香川県の中央部に位置している。南には山が多く、北は海に面している。

まとめる　整理する・生かす

板書のポイント

子供の生活経験から知っていることと、航空写真から分かることを関連付け、不確かなことや子供の疑問を共有し板書する。

T　高松市について知っていることや行ったことがある場所はありますか？　　❹
C　女木島に行ったことあるよ。
T　女木島はどの島か分かりますか？
C　きっと、この島かな。
T　ほかにはありますか？
C　塩江温泉に行ったことがあるけど、場所ははっきりとは分からないな。
T　行ったことはあるけど、どこにあるのか知らないものもありましたね。　　❺

学習のまとめの例

〈ノートの記述例〉

・高松市は、牛の顔のような形をしています。私たちの校区は、北の方に位置していて、とてもせまいということが分かりました。
・高松市は南側は山が多くて、北側は海に面しています。中央部は、住宅が広がっていて、いくつかの島も市の一部です。

〈振り返りの記述例〉

・高松市のいろんな所に行ったことがあるけど、地図上のどこにあるのかは分かりませんでした。高松市について、くわしく調べたいです。

つかむ
出合う・問いをもつ

高松市のようすについて調べるにはどうすればよいのだろう

本時の目標
市の地図や航空写真から疑問に思ったことを話し合うことを通して、学習問題をつくり、予想から学習計画を立てる。

本時の主な評価
地形や土地利用、交通に着目して問いを見いだし、学習問題を考えて適切に表現している【思①】／予想や学習計画を考え見通しをもとうとしている【主①】

用意するもの
高松市の行政区分が分かる地図

本時のめあて　高松市のようす

1 高松市とそのまわりの市町村

女木島
庵治町
栗林公園
高松空港
塩江温泉

本時の展開 ▷▷▷

つかむ　出合う・問いをもつ

板書のポイント
高松市の行政区分が分かる地図を提示し、高松市の知っている場所について話し合う。

T　地図を見て、これまで行ったことがある場所を確認してみましょう。　**1**
C　女木島は、やっぱりこの島だったね。
C　塩江温泉がある塩江町は1番大きいね。
C　高松空港は、香南町にあるって聞いたことがあるよ。香南町はどこかな。
T　高松市について、もっと知りたいことや疑問に思ったことはありますか？
C　高松市の山や川の名前について知りたい。
C　市役所のような公共施設はほかにあるかな。

調べる　情報を集める・読み取る・考える・話し合う

板書のポイント
「学校のまわり」の学習を生かして、気付きや疑問を3視点ごとに分類して板書する。

T　学校のまわりと同じように、「土地の様子」「建物の様子」「交通の様子」から、調べたいことや疑問を話し合いましょう。　**2**
C　土地の様子で、畑で何を作っているのかな。
C　建物の様子で、市役所のような公共施設は、高松市にもあるのかな。
T　みんなの疑問をまとめてみましょう。これから何について調べていきますか？　**3**
C　高松市はどのような様子なのかをみんなで調べていきたいです。

について調べるにはどうすればよいのだろう。

2 ぎもん　高松市のようすについて、気づいたことやぎもんに思ったこと

土地のようす	たて物のようす	交通のようす
・島の土地はどのようなようすなのかな？ ・どんな山や川があるのかな。 　土地の高さや広がり ・畑や田んぼはどこに多いのかな？ 　土地の使われ方	・市役所のような公共しせつはどこにあるのかな？ 　公共しせつ ・昔からのこる古いたて物はどんなものがあるのかな？ 　古くからのこるたて物	・高松空港からどこへ行けるのかな？ ・高速道路はどこに続いているのだろう？ ・フェリーはどこから来るのだろう？

3 学習問題　わたしたちが住む高松市は、どのようなようすなのだろう。

4 よそう　　→　**5** 調べること　→　まとめ方

・南側に高い山がありそうだ。
・学校のまわりと同じように場所によって土地のようすはちがっていると思うよ。
・飛行きではかの県に行けると思うよ。

土地の高さや広がり
土地の使われ方
公共しせつ
古くからのこるたて物
交通のようす

・高松市のようすや伝えたいよさを見つけて、地図にまとめよう。
・自分のおすすめスポットを決めて、お家の人に紹介しよう。

まとめる　整理する・生かす

板書のポイント

板書全体が、今後の高松市の様子を調べるための「学習の地図」になるよう、矢印などを用いて、流れをまとめる。

T　学習問題への予想を考えましょう。　**4**

C　きっと、学校のまわりと同じように、場所によって様子が違うと思う。

C　飛行機や鉄道を使うと、いろんな場所に行けると思うよ。

T　みなさんの予想をまとめて、この５つのポイントから見ていくと、高松市の様子が分かりそうですね。　**5**

C　分かったことは、学校のまわりのときのように、地図にまとめたい。

学習のまとめの例

〈ノートの記述例〉

・高松市のどこにどんなものがあるかもっと知りたいです。

・北と南ではずいぶん様子がちがうのではないかと思います？

〈振り返りの記述例〉

・学習問題に対し、学校のまわりのように、にぎやかな場所と、しずかな場所があると予想しました。

・これから、高松市の様子について調べたことを地図にまとめて、高松市のおすすめスポットを決めて、いろんな人に紹介したいです。

調べる
情報を集める・読み取る・
考える・話し合う

高松市の土地のようすは場所によってどのようなちがいがあるのだろう

本時の目標
高松市の土地の高さや広がりについて、地形図や写真資料からその様子を読み取り、高松市の地形的特徴を理解する。

本時の主な評価
地形や土地利用について調べ、高松市の地形の特徴や土地利用の特色などを捉え、場所による違いがあることを理解している【知①】

用意するもの
高松市の地形図、高松市の河川や山、平野を写した写真、電子黒板

本時の展開 ▷▷▷

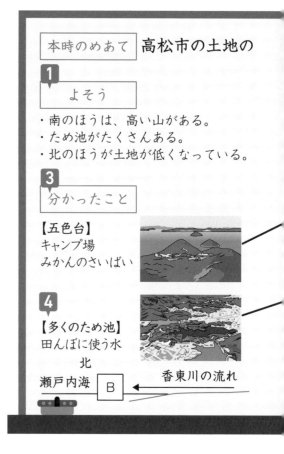

つかむ　出合う・問いをもつ

板書のポイント
土地の高さが表現されている地形図や立体地図を提示し、視覚や触覚で土地の高さや平野の広がりを実感できるようにする。

T　高松市の「土地の高さや広がり」はどのようになっているか予想してみましょう。　**1**
C　航空写真を見ると南側に高い山があった。
C　北側は、海が近いから土地が低いのかな。
C　中央は住宅が多いから、低い土地なのかな。
T　これは高松市の土地の様子を立体的に表した立体地図です。実際に触って土地の高いところや低いところを感じてみましょう。　**2**
C　触ってみると、土地の低い場所が中央部に広がっていることが感じられた。

調べる　情報を集める・読み取る・考える・話し合う

板書のポイント
高松市の特徴的な地形を撮影した写真を読み取って、分かることを根拠にしながら、高松市の地図に位置付けていく。

T　前回の授業で調べたいという意見が出ていた５つの場所の写真資料を用意しました。どこか分かりますか？　**3**
C　この写真は、フェリーがあって、港があるから、女木島だと思う。
C　この写真には、ため池があるから、この辺りの写真だと思う。　**4**
T　どのように考えたのですか？
C　写真に写っている土地の様子と、地図から分かることをつなげて考えた。

ようすは場所によってどのようなちがいがあるのだろう。

2 高松市の土地のようす

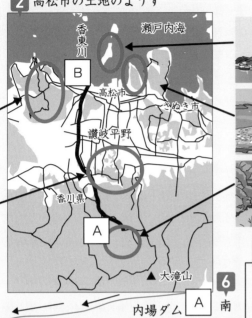

瀬戸内海

香東川

B

高松市

さぬき市

讃岐平野

香川県

A

▲大滝山 6

内場ダム A 南

土地の高さや広がり

【女木島・男木島】
海水浴場
瀬戸内国際芸術祭

【屋島】
台形の山
てんぼう台がある。

5
【内場ダム】
地形を生かしたダム
高松市の人々がつかう水を
ためている。

学習のまとめ

高松市の南のほうは山が多く土地の高さが
高くなっている。北の方に向かって土地の高さ
が低くなり、海に面している。中央部は、平らな
土地が広がっていて、ため池が多い。

まとめる　整理する・生かす

板書のポイント

高松市の土地の高低を、河川の流れと関連付け
て捉えることができるように香東川の川の流れ
を板書に図示する。

T　5つめの写真の内場ダムは、どうして塩
　　江町に造られたのでしょう？　◀5

C　ダムは、水を貯めるところだから、土地の
　　高いところにつくったほうがいいから。

T　それはなぜですか？

C　水は、高いところから低いところに流れる
　　から。　◀6

T　では、実際に内場ダムから流れた水はどの
　　ように流れているのでしょうか？

C　香東川として、北に向かって流れている。

学習のまとめの例

〈ノートの記述例〉

・高松市は、南のほうは大滝山など高
　い山があり、北に向かってだんだん
　土地の高さが低くなっています。

・高松市の中央部は、平らな土地が広
　がり、ため池がたくさんあります。

・高松市の北側には、瀬戸内海が広が
　り、男木島や女木島などの島もあり
　ます。海沿いの北東部には屋島が、
　北西部には五色台があります。

・香東川は、内場ダムから瀬戸内海に
　向かって南北に流れています。

・高松市の土地のようすは場所によっ
　てちがうことが分かりました。

調べる
情報を集める・読み取る・
考える・話し合う

市役所や市役所のまわりは、どのようになっているのだろう

本時の目標
　市役所の位置や仕事について、資料などから調べ、市役所の役割を理解するとともに、見学への見通しをもつ。
※実際の見学は、後日1日市内巡りで実施。

本時の主な評価
　公共施設の場所や仕事について調べ、市役所などの公共施設の働きを理解している　【知①】

用意するもの
　高松市役所の資料、市役所の部署が分かる資料、見学ワークシート

本時の展開　▷▷▷

つかむ　出合う・問いをもつ

板書のポイント
市役所は様々な仕事をしていることが実物から分かるように、市役所の案内板を提示し、そこから仕事内容を読み取る。

T　市役所は、どのような場所でしょうか？
C　市長さんがいるところだ。
T　そうだね。でもそれだけじゃないみたいだよ。この写真を見てみよう。（市役所の案内板）どのようなことが分かるかな？　**1**
C　交通政策課という場所がある。
C　観光交流課という場所もある。
T　どんな仕事をしていると思いますか？
C　交通、観光、公園、スポーツなど生活に関係する様々な仕事をしていると思った。

調べる　情報を集める・読み取る・考える・話し合う

板書のポイント
市役所周辺の地図を提示して、市役所の役割や重要性について、市役所の仕事内容と市役所の位置を関連付けて考えられるようにする。

T　市役所は、どのような場所にあるでしょうか？　地図から見付けてみましょう。　**2**
C　学校の近くの高い建物が多い場所だ。
C　近くには、大きな駅がある。
C　防災センターや消防署などの公共施設も近くにある。
T　市役所の仕事（場所をつなげる）とどのようなことが考えられますか？　**3**
C　市役所は、たくさんの人が利用するので、人が集まる場所で、駅にも近い場所にある。

のまわりは、どのようになっているのだろう。

3
話し合って考えたこと

・高松市の人々の生活にかかわる仕事
・たくさんの人々が利用する。

・人が集まる場所にある。
・電車の駅やバス停も近い。
・けいさつしょやしょうぼうしょとつ
　ながりがあるのかな？

4
市役所の人にインタビューしよう

・市民課
　市役所のしごと・他の公共しせつ
・交通せいさく課
　高松市の交通のようす
・かん光交流課・文化財課
　古くからのこるたて物のこと
・農林水産課
　土地の利用や産業

公共しせつ
市役所の位置やまわりのようす

2
分かったこと

・学校の近くにある。
・大きな駅に近い。
・近くにけいさつしょや消防しょなどの公共
　しせつが多くある。
・たて物が多い所に市役所がある。

まとめる　整理する・生かす

板書のポイント

市役所に見学に行った際に、誰に何をインタビューすればよいかを具体的な市役所の部署や課と学習内容をつないで考え、板書にまとめる。

T　公共施設のようすを調べるために、市役所に見学に行きましょう。市役所の方に、どんなことを質問したいですか？　**4**

C　市役所の仕事内容や他の公共施設について聞きたい。

C　交通政策課の人に、高松市の交通について聞きたい。

C　農林水産課の人に、高松市ではどのような野菜や果物を育てているかを聞きたい。

T　高松市の様子も聞いてみましょう。

学習のまとめの例

〈振り返りの記述例〉

・高松市役所は、わたしたちの生活に
　関わるさまざまな仕事をしているこ
　とが分かりました。

・高松市役所がある場所は、高松市の
　中でもたて物が多く、駅やバスター
　ミナルもあって、人々があつまると
　ころにあります。

・高松市の多くの人々が利用するの
　で、利用しやすい場所にあることが
　分かりました。

・見学に行くときには、高松市のよう
　すをそれぞれの担当の人に教えても
　らうことになりました。

調べる

情報を集める・読み取る・
考える・話し合う

高松市の公共しせつには、どのような役わりがあるのだろう

本時の目標

公共施設の種類や仕事、分布について調べることを通して、公共施設の働きにより市民が安全で豊かな生活を送れていることを理解する。

本時の主な評価

公共施設の種類や働き、分布について調べ、公共施設は市民が利用しやすい場所に建てられ、市民の生活を支えていることを理解している【知①】

用意するもの

市役所の方の話（文章またはビデオ）、高松市の公共施設の分布図、電子黒板

本時の展開 ▷▷▷

右上の板書：

本時のめあて 高松市の公共し

1 市役所のAさんの話

> 高松市役所では、高松市全体にかかわるさまざまなことを、みんなで担当を決めて、手分けして仕事をしています。
> 市役所以外にも、たくさんの公共しせつがあり、その多くは市役所がつくったり、運営したりしています。
> また、もし災害があったときには、公共しせつの中には、ひなん所になるものもあります。
> みんなが使うしせつなので、みなさんも大切に利用してくださいね。

よそう 高松市にある公共しせつ

・市役所 ・県庁 ・図書館
・びじゅつ館 ・消防しょ
・けいさつしょ ・公民館
・コミュニティセンター

つかむ　出合う・問いをもつ

板書のポイント

実際に市役所に行った際にインタビューをして得られた情報を文章にまとめ、学級全体で共有する。

T　高松市にはどのような公共施設があり、どのような役割がありますか？　市役所のAさんのお話を思い出しましょう。　**1**

C　公共施設の多くは市役所が運営している。

C　避難所になる公共施設もあるそうだよ。

T　市役所以外の公共施設には、どのようなものがありますか？

C　図書館、消防署が学校のまわりにある。

C　私の家の近くには、公民館もある。

T　それぞれの役割を考えていきましょう。

調べる　情報を集める・読み取る・考える・話し合う

板書のポイント

市内の主な公共施設の位置と数を表した地図を提示し、公共施設の役割と関連付けながら考えることができるようにする。

T　この地図から、公共施設を見付けましょう。

C　消防署がたくさんある。

T　どこにありますか？　**2**

C　高松市内に散らばっている。

T　なぜ、消防署はなぜ市内に散らばっているのでしょうか？　**3**

C　消防署は、火事を消したり、人を助ける仕事をしているから、どこで火事が起きてもすぐに到着できるようにするためだ。

T　役割と位置関係がつながっていましたね。

せつには、どのような役わりがあるのだろう。

2
高松市の主な公共しせつ

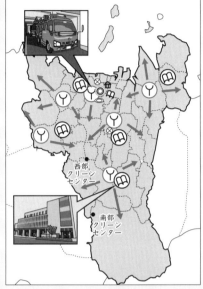

公共しせつ

3 消ぼうしょ
位置や数：高松市全体にちらばっている。
火事や災害のときにすぐに助けに行けるから。

📖 図書館
位置や数：高松市全体にちらばっている。
高松市のみんなが利用しやすいため。

◎ 市役所
位置や数：高松市の中心部に1つ
市役所は1つだけど、支所や出張所が地域
ごとにあり、市役所と同じ手続きができる。

4　**5**
市役所が指定した
公共しせつ
もしものとき→避難所に！

学習のまとめ

高松市には、多くの公共しせつがあり、みんなの安全でゆ
たかな生活を支えている。みんなで大切に利用することが
大事。

まとめる　整理する・生かす

板書のポイント
公共施設の多くは、災害時の避難所として市が
指定していることが分かるように、災害マップ
や実際の写真で確認し、板書に位置付ける。

T　この看板を見たことがありますか？　**4**
C　市役所の近くにあった。
T　看板には何が書かれていますか？
C　指定避難所と書いてある。
T　公共施設は災害時の避難場所になっていま
　す。もし、災害が起きたときに使えない状態
　だったら、どうなるでしょう？　**5**
C　避難所として使用できなくて困る。
T　私たちは日頃からどのように公共施設を利
　用すべきだと思いますか？

学習のまとめの例

〈振り返りの記述例〉

・高松市には、市役所のほかにも多く
　の公共しせつがあることが分かりま
　した。その多くは、市役所が運営し
　ていて、どこに必要かなども考えて
　建てられていることが分かりました。

・消防署は高松市のどこで火事が起き
　ても、すぐに助けにいけるように、
　高松市全体にちりばめられるように
　建てられていました。

・公共しせつは、災害が起きたときに
　ひなん所になります。わたしたちの
　命を守り、生活を支えてくれる公共
　しせつを、大切に利用したいです。

調べる

情報を集める・読み取る・
考える・話し合う

高松市の土地の使われ方は、どうなっているのだろう

本時の目標

高松市の土地利用の様子について、土地利用図の読み取りを通して、高松市の土地利用の様子は場所によって違いがあることを理解する。

本時の主な評価

土地利用について調べ、市内における土地利用の広がりの様子や場所による違いを考え、高松市の土地利用の様子を理解している 【知①】

用意するもの

高松市の土地利用図、市役所の方の話、主な産業に関する写真

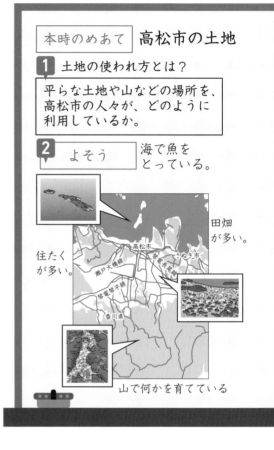

本時のめあて　高松市の土地

1　土地の使われ方とは？

平らな土地や山などの場所を、高松市の人々が、どのように利用しているか。

2　よそう　海で魚をとっている。

田畑が多い。

住たくが多い。

山で何かを育てている

本時の展開 ▷▷▷▷

つかむ　出合う・問いをもつ

板書のポイント

高松市の地形図を提示して、既存の知識と地形を関連付けながら、高松市の土地利用のようすについて予想する。

T　土地の使われ方とは、「平らな土地や山などの場所を、高松市の人々が、どのように利用しているか」ということです。高松市の土地の使われ方はどのようになっているのでしょうか？　予想してみましょう。　1 2
C　海では漁師が魚を獲っていると思う。
C　平らな土地では田畑が多いと思う。
C　塩江町の山では何かを育てていると思う。
T　実際はどのように利用しているのでしょう。

調べる　情報を集める・読み取る・考える・話し合う

板書のポイント

土地利用を表す地図記号や色分けを確認するために、拡大した凡例を提示する。

T　この地図は、高松市の土地の使い方を色分けして表した土地利用図といいます。この地図では、どのように色分けをしているのでしょう？　3 4
C　地図の左下に、色分けの仕方を書いている。
C　店や会社が多い所は、オレンジ色だ。
T　住宅が多い所は、ピンク色だね。
C　山地は緑色だよ。
T　高松市はどのように土地が利用されているでしょうか？

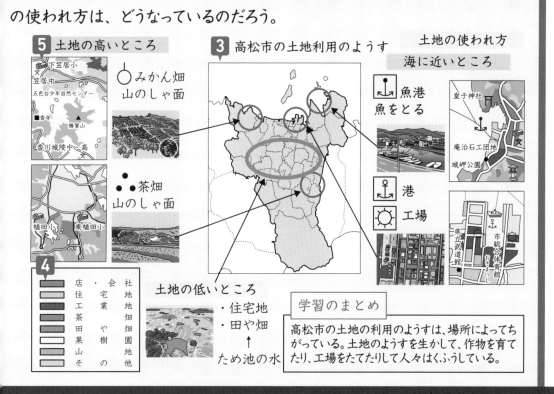

の使われ方は、どうなっているのだろう。

5 土地の高いところ

○みかん畑
山のしゃ面

●茶畑
山のしゃ面

3 高松市の土地利用のようす

土地の低いところ
・住宅地
・田や畑
　　↑
ため池の水

土地の使われ方
海に近いところ

⚓魚港
魚をとる

⚓港

⚙工場

4

社会地・その他
住宅地
工場
茶畑
田畑や果樹園
山や地
その

学習のまとめ

高松市の土地の利用のようすは、場所によってちがっている。土地のようすを生かして、作物を育てたり、工場をたてたりして人々はくふうしている。

まとめる　整理する・生かす

板書のポイント
場所による土地利用の違いが分かるように、同じ地形で土地利用の仕方が違う地域を取り上げ、2つの地域を比較できるように配置する。

T　山地は、南側と北西部、北東部に多いですね。北西部の山の斜面では、みかん栽培が行われています。南部の山の斜面では、茶の栽培が行われていますね。同じ山の斜面なのに、なぜ利用の仕方がちがうのでしょうか？　▶**5**

C　みかんは海の近くだと、太陽の光が海に反射することでみかんがよく育つからだよ。

C　同じ山の斜面でも、育てるものによって、育てる場所に違いがあるんだね。

学習のまとめの例

〈ノートの記述例〉

・高松市は、山のしゃ面はみかん畑や茶畑に利用されていたり、平らな土地は住宅や田や畑に多く利用されていることが分かりました。

・海に近いところでは、2つの港がありました。漁港は、海で魚をとる船があつまるところです。埋め立て地にある港は、工場で作ったものや工場で使う材料を運ぶための船がとまる港です。

・高松市の土地の使われ方は、場所によってちがうことが分かりました。

※地形の違う場所を対比させて書かせる。

調べる
情報を集める・読み取る・
考える・話し合う

高松市の交通は、どのようになっているのだろう

本時の目標
　地図や交通機関の時刻表などの資料を読み取ることを通して、各種交通機関の分布や交通網の広がり、他地域との結び付きについて理解する。

本時の主な評価
　交通の広がりについて調べ、高松市の交通手段や交通網の広がり、場所による違いを考え、交通の広がりの様子を理解している【知①】

用意するもの
　高松市の地図、交通機関の時刻表や路線図、電子黒板

本時のめあて　高松市の交通は、

高松市の交通きかんは？
車・バス（バス停）
　・道路
　・高速道路
鉄道（駅）
　・琴電
　・JR
船（港）
飛行機（空港）

1 よそう　どこまで行けるかな？

	市外	県外	国外
自動車	○	○	×
琴電	○	×	×
JR	○	○	×
船	○	○	✳○
飛行機	○	○	✳○

2

本時の展開 ▷▷▷

つかむ　出合う・問いをもつ

板書のポイント
交通の広がりや他地域とのつながりを整理できるように、表を使って予想をする。

T　高松市にある交通機関を使うと、どのようなところまで行けるでしょうか？　**1**

C　自動車では、高速道路を使うと、瀬戸大橋を通って、全国まで行くことができるよ。

C　鉄道は、琴電は、県外には行けないと思うよ。JRでは県外に行くことができるよ。

C　高松空港には、海外に行く路線はあるのかな？　国外には行けないと思うよ。　**2**

C　船も、国外に行く便はないと思うよ。

T　高松市の交通の様子を見てみましょう。

調べる　情報を集める・読み取る・考える・話し合う

板書のポイント
実際のフェリー乗り場やバス乗り場の写真資料から、どのような地域に行くことができるか読み取れるように、乗り場の写真を提示する。

T　実際のバス乗り場の案内板を見てみましょう。どのような場所に行くことができ、どのような場所からバスが来ていますか？　**3**

C　大阪、名古屋、九州、東京です。全国の都市とつながっていた。

T　フェリーは、どのような場所に行くことができますか？　**4**

C　瀬戸内海の島をつないでいます。ほかにも、貨物船は海外からやってくる。

C　飛行機も台湾や韓国の路線があったよ。

どのようになっているのだろう。

 自動車・バス

○主な道路
　レインボー
　ロード
　大きなお店

○高速道路
　高速バス

全国へ

 飛行機 ✈

○高松空港
　東京・沖縄
　さらに外国も

高松市の主な交通きかん

住宅が多い所

交通のようす

サンポート高松

船・フェリー

○高松港
　瀬戸内の島
　神戸・岡山
　荷物は海外

鉄道 🚃

○琴電
　3路線
　→県内へ
○JR
　四国
　→瀬戸大橋
　→全国へ

地図の記号

┈┿┈	県 の さ か い
┈┼┈	市 の さ か い
┈┊┈	町 や 村 の さ か い
━◼━	J　R　線
━◻━	その他の鉄道
═══	高 速 道 路
━━━	国　　道
───	お も な 道 路

考えたこと

・北のほうに集まっている。
・サンポート高松周辺は、
　フェリーや電車が集まる。
・人が多く住んでいる所に
　交通が集まっている。

学習のまとめ

　高松市には、いろんな交通があり、高松市の北の人が多いところに特に集まっていて、南には少ない。
　鉄道や高速道路、空港で全国だけではなく外国ともつながっている。

まとめる　整理する・生かす

板書のポイント

高松市の交通の広がりについて、土地利用と関連付けて考えることができるように、住宅が多い場所を地図で重ね合わせる。

T　高松市の交通の様子を色分けしましょう。どんなことが地図から分かりますか？　**5**

C　他の市や県ともつながっている。

C　高松市の北の方の特に中心部に、交通が集まっているように見える。

T　どうして、そこに集まっているのかな？

C　高松市の中心部には、お店や会社、住宅地が多く、人がたくさんいるから。　**6**

C　駅が近いと便利だから、人が集まると思う。

T　実際に、人が多い部分を重ねましょう。

学習のまとめの例

〈ノートの記述例〉

・高松市の交通きかんには、車やバス、鉄道、船、飛行機があります。交通きかんの路線を色分けすると、高松市の北側に集まっていることが分かりました。その理由は、駅のまわりや大きな道沿いに家を建てると利用しやすく便利だからです。

・それぞれの交通をつかうと、市内だけではなく、市外や四国の4県に行くことができることが分かりました。

・フェリーや飛行機は、外国ともつながっていることが分かりました。

調べる
情報を集める・読み取る・
考える・話し合う

高松市に古くから残る建物には、どのようなものがあるのだろう

本時の目標
　地図の読み取りや歴史的建造物の由来を調べることを通して、高松市の歴史的建造物の位置や分布の特徴を理解する。

本時の主な評価
　古くから残る建物の分布について調べ、高松市内の古くから残る主な建物の分布の歴史的背景を理解している【知①】

用意するもの
　高松市の地図、古くから残る建物のパンフレット等

本時の展開 ▷▷▷

| 本時のめあて | 高松市に古くか |

1 地図からさがしてみよう

卍　お寺　　　　开　神社

史跡、名勝、天然記念物

凸　城跡

2

分かったこと

・高松市の中心部に多い。
・瀬戸内海に面しているところに多い。
・住宅の多いところに多い。
・観光客も多く訪れる。

つかむ　出合う・問いをもつ

板書のポイント
古くから残る建物の分布に着目できるように、地図を開いて関係する地図記号を探し、高松市の地図でその位置や分布を確認する。

T　古くから残る建物を挙げてください。　**1**
C　神社やお寺、お城だと思う。
T　高松市にある古くから残る建物には、どのようなものがあるのでしょうか？　地図の中から地図記号を探してみましょう。
C　屋島の山頂に、屋島寺がある。
C　栗林公園は、史跡・名勝の地図記号だね。
T　どのような場所に古くから残る建物が多くありますか？
C　海に近くて、高松市の中心部に多い。　**2**

調べる　情報を集める・読み取る・考える・話し合う

板書のポイント
高松市の主な古くから残る建物を取り上げ、それぞれの共通点を見いだすことができるように、短い言葉でゆらいや歴史的背景をまとめる。

T　高松市の代表的な古くから残る建物は、どのような建物なのでしょうか？　**3**
C　資料によると玉藻城は、昔高松を治めていたお殿様が住んでいたそうだよ。
C　栗林公園は、そのお殿様のお庭だ。
C　法然寺には、お殿様のお墓がある。　**4**
T　何か共通点はありますか？
C　どの建物も昔のお殿様に関係している。
C　昔はこの辺りがにぎやかなところだったのかな。

ら残る建物には、どのようなものがあるのだろう。

話し合って
考えたこと

3

【玉藻城】
高松のお殿様
が住んでいた。

5 古くからのこるたて物

高松城下図屏風
お殿様が住んでいた
ころの高松の様子

【岩清尾八幡神社】
お殿様が、高松市を
守る神社に決めた。

6

昔の城下町の
はんい

【屋島寺】お殿様が
何度も修理した。

4

【栗林公園】
高松のお殿様の
お庭

【法然寺】
高松のお殿様
のおはか

・お殿様に関係するたて物が今でも残っている。
・お殿様が住んでいたお城の城下町が今の中心部。
・昔は町がとても小さく、その後町が広がっていった。

学習のまとめ

　高松市の古くからのこるたてものは、市
の北側の海に近いところに多い。昔、お
殿様が住んでいたお城を中心とした城下
町のところにあり、今でもにぎやかだ。

まとめる　整理する・生かす

板書のポイント

「高松城下図屏風」を提示することで、現在の高松
市の様子と比較し、当時の町の範囲を知り、町
が広がっていったことを理解できるようにする。

T　お殿様が高松の町を治めていたときの様子
　を描いた絵があります。　**5**
　お城の位置はどこですか？

C　海の近くの今のサンポート高松があるとこ
　ろ。今でも玉藻城が残っている。

T　町は、どこまで広がっていますか？

C　あまり遠くまで広がっていないよ。町の外
　側は、野原が広がっているね。

C　町の範囲が、だんだんと広がっていったの
　かな？

学習のまとめの例

〈ノートの記述例〉

・高松市には、多くの古くから残る建
　物があります。特に、今から約300
　年前の江戸時代のお殿様に関係する
　建物が多いです。

・高松城下図屏風を見てみると、昔に
　ぎわっていたところは、今の高松市
　の中心部のところまでで、とてもせ
　まい範囲でした。

・高松市の南側は、昔住んでいる人が
　少なかったので、古くから残るたて
　物が少ないです。つまり、高松市の
　古くから残るたて物は、北側に多く、
　南側には少ないことが分かりました。

まとめる
整理する・生かす

高松市のようすやよさが伝わる地図を完成させよう

本時の目標
これまでの学習内容を生かし、どのように地図にまとめたらよいかを話し合い、資料や情報を整理して地図を完成させる。

本時の主な評価
これまで調べてきたことを整理し、相互に関連付けて高松市の様子やよさについて、考えたことを適切に地図や文章に表現している【知②】／よさが伝わる地図になっているか確かめ合い修正しようとしている【主①】

用意するもの
高松市の絵地図、紹介したいものの写真や説明カード

本時のめあて	高松市のようす

1

学習問題

わたしたちが住む高松市は、どのような様子なのだろう？

調べること	→	まとめ方

土地の高さや広がり
土地の使われ方
公共しせつ
古くからのこるたて物
交通のようす

・絵地図に。
・わかりやすく。
・おすすめを。
・お家の人に紹介しよう。

3

考えたこと

・写真がないからイメージしにくい。
・自分たちが考えたことを加えよう。
・ていねいに色をぬり直そう。

本時の展開 ▷▷▷

つかむ　出合う・問いをもつ

板書のポイント

これまでの学習を見直し、これからの学習の見通しをもてるように、単元の学習問題や学習計画を再度確認する。

T　これまでみなさんは、高松市のどのようなことを調べてきましたか？　**1**

C　「土地の高さや広がり」「公共施設」など、5つのことから高松市を調べたよ。

T　どのような問いを解決するために、高松市のことを調べてきましたか？

C　高松市はどのような様子なのかを明らかにするため。

T　高松市は、どのような様子なのかをみんなで話し合って考え、解決していきましょう。

調べる　情報を集める・読み取る・考える・話し合う

板書のポイント

これまでの学習で少しずつ作成してきた絵地図を土台とし、学習内容ごとに気付きをまとめたカードや紹介したい写真を位置付ける。

T　高松市を5つの視点それぞれでまとめたカードを振り返ってみましょう。　**2**

C　「土地の高さや広がり」では、南側が高く、北側は低いことが分かった。

T　土地の様子が伝わる地図にするには、どのように地図を修正すればよいでしょうか？

C　土地の高いところは、より色を濃くしたり、山の高さを地図に書き込んだりする。

T　他の視点ではどんな修正ができそう？　高松市の様子がより伝わる地図にしましょう。　**3**

やよさが伝わる地図を完成させよう。

2 土地の高さや広がり

南側は高く
北側は低い。
どのように表そ
うかな？

土地の使われ方

地図記号を地図の
中に書き込んで、
位置が分かるよう
にしよう！

交通のようす

高松市は、交通が
集まりべんりなと
ころだね。「四国
の玄関」をアピー
ルしよう。

4 わたしたちの高松市

大滝山

～高松市のようす～
　場所によって、いろ
んなよさがあります。
　昔からにぎやかだっ
た中心部には交通や
公共しせつが集まり便
利です。
　平らな土地には、
田や畑住宅がありま
す。ため池のまわりに
は公園があります。
　山の斜面では、み
かんや茶を栽培して
います……

公共しせつ

みんなが使い
やすいように
いろんなとこ
ろにあること
がよさだね。

古くからのこるたて物

お殿様に関
係するたて物
は、お殿様の
イラストをつ
けよう。

5 学習のまとめ

高松市は、場所によって
ようすがちがっている。いろ
んな所があることが高松市
のよさにつながっている。

まとめる　整理する・生かす

板書のポイント

高松市の様子を概観し、高松市全体の様子を紹
介する文章を書くことができるように、完成し
た絵地図を掲示し、全員で振り返る。

T　ついに地図が完成しましたね。高松市は、
　どのような様子なのでしょうか？　　4

C　学校のまわりと同じで、高松市も土地の様
　子や建物の様子が、場所によって違う。

T　例えば、どんな違いがありますか？

C　土地の高さは南側が高く北側が低い。古く
　から残る建物は中心部に特に多い。

T　高松市のよさって何でしょう？　　5

C　高松市内に、いろんな場所があることがよ
　さだと思う。

学習のまとめの例

〈紹介文の例〉

　高松市は、場所によってようすがち
がっています。例えば、昔からにぎや
かだった中心部には、今でも交通や公
共しせつが集まり便利です。

　平らな土地には、田や畑、住宅があ
ります。ため池のまわりには公園があ
ります。山の斜面では、みかんや茶を
栽培しています。育てるものに合わせ
て、海の近くの斜面、すずしい山の斜
面を選んで育てています。

　このように、高松市には色々な場所
があることが、高松市全体のよさだと
思いました。

まとめる
整理する・生かす

高松市のようすやよさを伝える地図には、どのような題名がふさわしいだろう

本時の目標
完成した地図につける題名について話し合うことを通して、高松市全体の様子やよさなどの特色を理解する。

本時の主な評価
高松市全体の様子を総合して考え、適切に表現している【思②】

用意するもの
高松市の絵地図

本時の展開 ▷▷▷

つかむ　出合う・問いをもつ

板書のポイント
子供が作成した絵地図の上に、題名を書くカードを掲示することで、どのような題名にすれば高松市の様子やよさが伝わるか思考を促す。

T　高松市の様子やよさが伝わるためには、どのようにすればいいと思いますか？　🔳1

C　国語の授業で学んだように、高松市の様子を短く表すキャッチコピーを考えて、地図に題名として付けたすと、高松市の様子やよさが伝わるよ。

T　地図の題名に欠かせないことは何ですか？

C　高松市は、場所によって様子が違っていることは、必ず伝わるようにしたい。

C　グループのこだわりも入れたいな。

調べる　情報を集める・読み取る・考える・話し合う

板書のポイント
意見の多様性を生み出し、児童が短くまとめることができるよう、おすすめの視点を選び、その視点を軸に高松市の全体の様子をまとめる。

T　高松市の様子を5つの視点のうち、どの視点に関係することを紹介したいですか？　🔳2

C　お殿様のことを一番紹介したい。

C　公共施設がちりばめられていることが一番心に残っている。

T　グループごとに紹介したい内容は違っていますね。では、高松市の様子やよさが伝わる題名を考えてみましょう。　🔳3

C　私たちは、交通の様子の「四国の玄関」という言葉を入れて考えてみよう。

を伝える地図には、どのような題名がふさわしいだろう。

高松市全体のようすを短くまとめよう

2

土地の高さや広がり	交通のようす
土地の使われ方	古くからのこるたて物
公共しせつ	

3 話し合って考えたこと

1班　おすすめ　　土地の高さや広がり
南は山、北は瀬戸内海。便利な交通もあって、みんなが住みやすい高松市

2班　おすすめ　　土地の使われ方
町によって様子がちがう！でも、みんながすごしやすく、香川県の人にとって大切な高松市

3班　おすすめ　　公共しせつ
商店街や公共しせつがそろっていて、香川県の人に愛される大切な高松市

4班　おすすめ　　交通のようす
いろんな場所で観光が楽しめます！船や空港などで世界とつながる「四国の玄関」高松市

5班　おすすめ　　古くからのこるたて物
古くから残る観光スポットが多く、自然をいかした農業もさかんな高松市

6班　おすすめ　　土地の高さや広がり
有名なアートや歴史があり、自然ゆたかですてきな高松市

7班　おすすめ　　古くからのこるたて物
人がたくさん！歴史もいっぱい！香川県の中で大切な高松市

8班　おすすめ　　土地の使われ方
海では魚！山ではみかん！お殿様の歴史もまんきつ高松市

4 考えたこと

・どの班も、高松市のよさやようすを入れることができている。
・班によって文章がちがうのは、おすすめの部分がちがうから。
・高松市は場所によってようすがちがい、よさもたくさんある。

まとめる　整理する・生かす

板書のポイント
黒板に全ての班の題名を掲示し、自分の班の題名と比べることで、違った捉え方や考え方に気づくことができるようにする。

T　各グループの題名を比べてみて、どのようなことが分かりますか？　**4**

C　どのグループも、これまで見付けてきた高松市の様子やよさが入っている。

C　どのグループの意見も違っている。

T　なぜ、違っているのでしょうか？

C　グループによって、特に紹介したいことが違うからだ。

C　高松市には、いろんな場所やよさがあるから、みんなの題名が違っていると思う。

学習のまとめの例

〈振り返りの記述例〉
・4班は、地図の題名を「いろんな場所で観光が楽しめます！船や空港などで世界とつながる『四国の玄関』高松市」にしました。交通のようすを学習したとき、世界とつながる港や空港があることにみんなおどろいたので、このような題名にしました。

・他の班は、わたしたちとはちがう考え方で題名をまとめていて、とても分かりやすいと思いました。次は発表なので、お家の人に高松市のようすやよさを伝えたいです。

まとめる
整理する・生かす

地図を完成させて、高松市のおすすめスポットを紹介し合おう

本時の目標
　高松市の様子についてまとめた絵地図を使ったポスターセッションを通して、高松市の様子やよさを捉え直す。

本時の主な評価
　高松市の場所による違いを比較して考え、適切に表現している【思②】

用意するもの
　高松市の様子をまとめた絵地図、ワークシート

本時のめあて	地図を完成させ

1

発表のしかた

〈ポスターセッション〉
①前半1〜4班　　15分
②後半5〜8班　　15分
③全体で交流　　　5分
　高松市おすすめスポット
⑤ふりかえり　　　10分

【発表する人】
・時間内でくりかえし発表
・質問タイムをとる。

2

【聞く人】
・メモをとる。
　→自分の考えとくらべながら聞く。
・質問をする。

本時の展開 ▷▷▷

つかむ　出合う・問いをもつ

板書のポイント
子供たちが活動の見通しをもち、活動が有意義なものになるように、発表会の流れや気を付けることを掲示する。

T　今日はいよいよ、高松市の様子発表会です。ポスターセッションでは、どのようなことに気を付けるとよいですか？　**1**

C　時間内に何度も、来てくれた人にポスターの内容を紹介する。

T　発表はどのように聞けばよいですか？

C　自分の考えと比べながら聞いたり、くわしく聞きたいことを質問をしたりする。　**2**

T　タイマーを用意しているので、時間も確認しながら、発表会を進めていきましょう。

調べる　情報を集める・読み取る・考える・話し合う

板書のポイント
発表を聞きに来てくれた地域の方を紹介し、参観者が迷わないように、発表場所の配置図を掲示する。

T　今日は、保護者の方も来てくれています。また、見学のときにお世話になった、市役所のGさんも来てくださいました。　**3**

G　みなさんが高松市の様子をどのように地図で表現したのか見せてもらうのがとても楽しみだ。

T　グループで発表する場所を確認しましょう。

C　私たちは前半は、他のグループの発表を聞いて、後半は②で発表する。　**4**

T　それでは、前半をはじめます。

て、高松市のおすすめスポットを紹介し合おう。

4 発表する場所

`88:88`

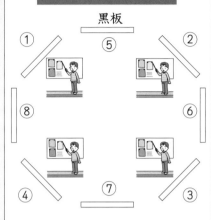

黒板

① ⑤ ②
⑧ ⑥
④ ⑦ ③

特別ゲスト **3**

○市役所のGさん
○お家の方々
○校長先生・教頭先生

5 ３年○組が見つけた
高松市おすすめスポット

古くからのこるたて物
〈栗林公園〉お殿様の歴史が伝わる。

土地の高さや広がり
〈内場ダム〉土地の高低を生かし水を送る。

土地の使われ方
〈みかん畑〉山のしゃ面を生かしている。

公共しせつ
〈高松市役所〉高松市の人々にとって大切。

交通のようす
〈サンポート高松〉まさに「四国の玄関」。

ふりかえり

・高松市には、たくさんのよさがあり、友達の意見
　を聞いて気づいたものもあった。
・高松市のことをくわしく知って、高松市のことが
　好きになった。
・これからも高松市のいろんな場所に行ったり、調
　べたりしたい。

まとめる　整理する・生かす

板書のポイント

発表を聞いて新たに気付いた高松市のおすすめ
スポットを黒板で共有し、高松市の様子を捉え
直す。

T　互いの発表を聞いて、新たに気付いたおす
すめスポットはありましたか？　

C　私は、１班の内場ダムです。土地の様子
を生かしていることがすごいと思った。

C　ぼくは、７班の栗林公園の発表を聞いて、
お殿様の歴史を色んな人に伝えたいと思った。

T　Gさんに感想を聞きましょう。

G　私自身も高松市の見方が変わりました。今
後高松市のよさをPRする際に皆さんからも
らったアイデアをいかしたいと思います。

学習のまとめの例

〈振り返りの記述例〉

　私たちはまず、はじめに高松市のよ
うすを調べる学習問題つくりました。
そして、「土地の高さや広がり」「土地
の使われ方」「公共しせつ」「交通のよ
うす」「古くからのこるたて物」のポ
イントから高松市のようすを考えてい
きました。

　調べて分かったことを絵地図にまと
めました。そうするとだんだん、高松
市の様子が分かってきました。

　最後の発表会では、自分たちが考え
た高松市の様子やよさを、いろんな人
に伝えることができてよかったです。

2

はたらく人と
わたしたちのくらし

1 （11時間）

農家の仕事 （選択 A）

単元の目標

地域に見られる農家の仕事について、仕事の種類や産地の分布、仕事の工程に着目して調べ、生産の仕事と地域の人々との関連を考え、生産の仕事は、地域の人々の生活と密接な関わりをもって行われていることを理解するとともに、主体的に学習問題を解決しようとする態度を養う。

学習指導要領との関連　内容(2)「地域に見られる生産や販売の仕事について」アの(ア)(ウ)及びイの(ア)

第1・2時	第3～6時
つかむ「出合う・問いをもつ」	**調べる**
〔第1時〕 ○札幌市内では、どのような農作物がどこで作られているのだろう。　　　　　　　【知①】 ・札幌市内でつくられている農作物を調べる。 ★農作物の種類に着目する。 ○その農作物はどこで作られているのだろう。 ・農作物が作られている場所を調べ、地図に産地を整理して確かめ合う。 ★産地の分布に着目する。 〔第2時〕 ○市内で生産量が一番多い玉ねぎはどのように作られているのだろう。　　　　　　【思①】 ・市内の農作物の種類ごとの生産量を調べる。 ・全国でも人気のある玉ねぎを生産する地域の農家Nさんのたまねぎ畑の写真を見て疑問を話し合い学習問題を設定する。 【学習問題】 札幌市の玉ねぎ農家のNさんは、たくさんの玉ねぎをどうやって作っているのだろう。	〔第3時〕 ○見学では何を調べてきたらよいのだろう。【主①】 ・Nさんの玉ねぎ畑を見学・調査するために調べたいことを話し合い、玉ねぎの作り方・玉ねぎの特徴・玉ねぎ作りの工夫など、見学・調査の観点、見学・調査の仕方を確かめ合う。 〔第4・5時〕 ○見学の計画にそって、安全に玉ねぎ農家を見学しよう。　　　　　　　　　　　【知①】 ・実際にNさんの玉ねぎ畑を見学・調査し、見たり聞き取ったりしたことをノートなどに記録する。 ★生産の工程に着目する。 〔第6時〕 ○Nさんは玉ねぎをどのように作っていたのだろう。　　　　　　　　　　　　　【知①】 ・見学で分かった玉ねぎの作り方・玉ねぎの特徴を確かめ合う。 ○どのような工夫をしていたのだろう ・玉ねぎ作りの工夫について話し合う。 ★生産の工夫や努力に着目する。

単元の内容

　本単元の内容は、地域の人々の生産について見学したり調査したりして調べ、それらの仕事に携わっている人々の工夫を考えるようにすることである。そのために、地域には生産に関する仕事があり、それらは自分たちの生活を支えていることや地域の人々の生産に見られる仕事の特色及び国内の他地域との関わりについて見学・調査することが重要である。

　また、地域の仕事について調べたことを表現するだけでなく、生産の仕事に携わる人々の工夫について考えたことを表現することができるようにすることが大切である。

　本単元では、全国でも高い人気を誇る札幌市の玉ねぎを事例として取り上げ、地域や全国の消費者に玉ねぎを届けるNさんの営みを中心に単元構成をした。

単元の評価

知識・技能	思考・判断・表現	主体的に学習に取り組む態度
①仕事の種類、産地の分布、生産の工程について、農家を見学・調査したり、地図で調べたりして情報を集め、農家の仕事の様子を理解している。 ②見学・調査したことを白地図や新聞などにまとめ、生産の仕事は、地域の人々の生活と密接な関わりをもって行われていることを理解する。	①仕事の種類、産地の分布、生産の工程に着目して問いを見いだし、生産の仕事の様子について考え、表現している。 ②調べたことをもとに、生産の仕事と地域の人々の生活を関連付けて考え、白地図や新聞にまとめたことを基に説明している。	①農家の生産の仕事について、予想や学習計画を立てたり、学習を振り返ったりして、学習問題を追究し、解決しようとしている。

【知】：知識・技能　【思】：思考・判断・表現　【主】：主体的に学習に取り組む態度　○：めあて　・：学習活動　★：見方・考え方

第7〜9時	第10・11時
「情報を集める・読み取る・考える・話し合う」	まとめる「整理する・生かす」
〔第7時〕 ○Ｎさんは1年間でどのような仕事をしているのだろう。　　　　　　　　　　　【知①】 ・農家の1年間の仕事の資料や見学・調査で調べたことを「農事ごよみ」に整理する。 ★時間の経過などに着目する。 〔第8時〕 ○玉ねぎはどこに出荷されていくのだろう。【知①】 ・資料など玉ねぎの出荷先を調べ地図などに整理し気付いたことを話し合う。 ★交通網の広がりなどに着目する。 〔第9時〕 ○Ｎさんは、どうして「札幌黄」を作り続けているのだろう。　　　　　　　　　【思②】 ・消費者が購入する理由をインタビュー資料から読み取り、多くの農家も「札幌黄」を栽培している様子を地図から捉えさせる。 ・「札幌黄」を作り続けるＮさんの願いや営みを考えて、吹き出しに書いて発表し合う。 ★生産者と消費者の願いを関連付けて考える。	〔第10時〕 ○調べたことや考えたことから、学習問題を解決しよう。　　　　　　　　　　　【思②】 ・これまでの自分の学習を振り返り、分かったことを整理し、学習問題の結果を考えてノートにまとめる。 ・学習問題について考えたことを互いに話し合い、さらに考えたことをノートに加筆する。 ★相互の事象を関連付けて考える。 〔第11時〕 ○Ｎさんの玉ねぎ作りについて、地域の消費者に伝える新聞にまとめよう。　　　【知②】 ・これまでの学習を振り返り、Ｎさんの玉ねぎ作りについて調べたことや考えたことを新聞にまとめる。 ・どのような農家の人の工夫があったか、私たちとどのようなつながりがあったかなどを新聞にまとめる ・Ｎさんの玉ねぎ作りの魅力を考えて新聞にまとめて紹介し合う。 ★生産の仕事と地域の人々の関連を考える。

問題解決的な学習展開の工夫

「つかむ」では、札幌市の農産物調べを行う。そして、札幌市は玉ねぎが一番生産量が多いことに気付かせる。また、地域の玉ねぎ農家であるＮさんが玉ねぎを生産していることを取り上げ、単元の学習問題をつくっていく。

「調べる」（情報を集める・読み取る）では、玉ねぎの「特徴」「作り方」「作る工夫」など調べたいことを明確にして見学をする。

「調べる」（考える・話し合う）では、「札幌黄」（ブランド玉ねぎ）の育てづらさや不揃いな形に着目させ、それでも「札幌黄」を作り続けるＮさんの願いや営みを追求していく。

「まとめる」では、味へのこだわりや買い手の人気などを考え、地域に根付いた生産を続ける農家の営みも合わせて新聞にまとめていく。

つかむ
出合う・問いをもつ

札幌市内では、どのような農作物がどこで作られているのだろう

本時の目標

　市では、どのような作物がつくられているのかを予想したり調べたりする活動を通して、玉ねぎづくりへの関心を高める。

本時の主な評価

　農作物の種類や産地の分布について、資料で調べて農作物の種類と産地の分布を理解している【知①】

用意するもの

　スーパーマーケットのちらし、市のJAの農作物分布の資料、市内で作られている主な農作物の写真やイラスト

本時の展開 ▷▷▷

つかむ　出合う・問いをもつ

板書のポイント

子供たちが予想したたくさんの農作物を黒板に位置付けることで、その中から札幌市で作っている主な農作物を予想したくなるようにする。

T　近くのスーパーマーケットでは、どのような野菜が売られていますか？　**1**

C　ほうれん草が売られていた。ちらしを見ると、玉ねぎやきゅうりもあった。

T　では、札幌市内ではどこでどのような農作物が作られているのでしょう。　**2**

＊本時のめあてを板書する。

C　近くに玉ねぎ畑があるので、中央区で玉ねぎが作られていると思う。

調べる　情報を集める・読み取る・考える・話し合う

板書のポイント

子供たちと立てた予想にも立ち返りながら、板書して確かめることで、市内で作られている作物の種類に着目させていく。

T　まずは、札幌市内でどのような農作物が作られているかを資料「JAの農作物分布」から調べてみましょう。　**3**
　調べてどんなことが分かりましたか？

C　小松菜やほうれん草が作られている。

C　やっぱり玉ねぎも作られていた。

T　それらの農作物は、同じところで作られているのですか？　**4**

C　それぞれの農作物は、主に作られている地区が違う。

まとめる　整理する・生かす

板書のポイント

実際に農作物の写真やイラストを動かしながら板書を構成していくことで、視覚的にもそれぞれの農作物の産地の分布に着目させていく。

T　では、それぞれの農作物はどこで作られているのでしょうか？　**5**

C　ほうれん草は、西区や清田区で作られている。

C　玉ねぎは、予想と違って、東区で作られていることが分かった。

C　かぼちゃやすいかも、手稲区で作られていることが分かった。

T　学習したことを振り返って、札幌市の農作物の種類と場所をまとめましょう。

学習のまとめの例

〈振り返りの記述例〉

・札幌市内では、小松菜やほうれん草、玉ねぎなどが作られていました。また、それぞれの区で作られている野菜が違うことにも気が付きました。

・札幌市で、かぼちゃやすいかも作られていることにびっくりしました。また、自分たちの住んでいる区の近くでは、小松菜やほうれん草が作られていることが分かりました。

つかむ
出合う・問いをもつ

市内で生産量が一番多い玉ねぎはどのように作られているのだろう

本時の目標

　市内で生産量が一番多い玉ねぎはどのようにつくられているのか予想や疑問を見いだす活動を通して、玉ねぎ農家のNさんの仕事について調べる学習問題を考える。

本時の主な評価

　農作物の種類や生産量などに着目して問いを見いだし、学習問題を考え、表現している【思①】

用意するもの

　市のJAの農作物生産量の資料、玉ねぎ農家Nさんの畑の写真

本時の展開　▷▷▷

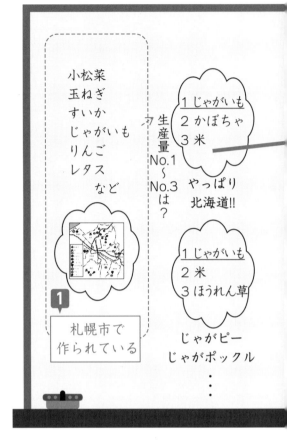

つかむ　出合う・問いをもつ

板書のポイント

ランキング形式で予想を板書していく際に、子供たちの理由も聞きながら板書することで、農作物をより身近に感じさせ、関心を高めていく。

T　市内のどこでどのような農作物が生産されていましたか？　**1**
C　小松菜や玉ねぎが作られていた。
T　生産量第1位から第3位を予想してみましょう。また、予想や疑問を出していく中で、単元の学習問題を考えていきましょう。
＊本時の問いを板書する。　**2**
C　第1位はほうれん草だと思う。理由は、いつも食べているから。
C　第2位は…

調べる　情報を集める・読み取る・考える・話し合う

板書のポイント

子供たちと立てた予想にも立ち返りながら、板書して確かめることで、市内で作られている農作物の種類や生産量に着目させていく。

T　市内の農作物の種類ごとの生産量を「JAの農作物生産量」から調べてみましょう。**3** 生産量第1位から第3位まで確かめましょう。
C　第1位は玉ねぎ、第2位はレタス、第3位は小松菜だと分かった。
T　生産量第1位の玉ねぎ1万300トンは25mプール約30個分です。どう思いますか？　**4**
C　とても多い量だと思う。
C　こんなにたくさん生産していてすごい。

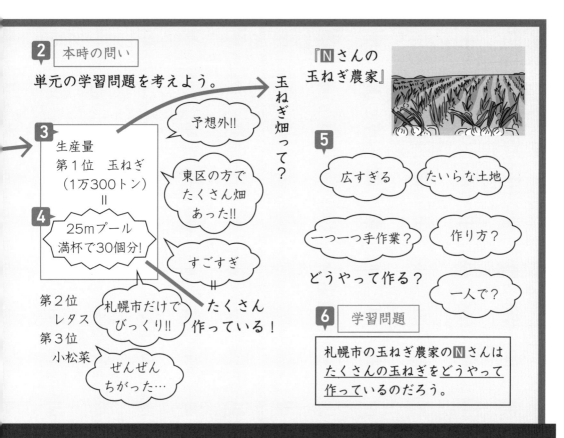

2 本時の問い

単元の学習問題を考えよう。

3 生産量
第1位　玉ねぎ
（1万300トン）
＝
4 25mプール
満杯で30個分！

第2位
レタス
第3位
小松菜

予想外!!

東区の方で
たくさん畑
あった!!

すごすぎ
＝
たくさん
作っている！

札幌市だけで
びっくり!!

ぜんぜん
ちがった…

玉ねぎ畑って？

『Ｎさんの
玉ねぎ農家』

5

広すぎる

たいらな土地

一つ一つ手作業？

作り方？

どうやって作る？

一人で？

6 学習問題

札幌市の玉ねぎ農家のＮさんは
たくさんの玉ねぎをどうやって
作っているのだろう。

まとめる　整理する・生かす

板書のポイント

広い玉ねぎ畑でたくさんの玉ねぎを作る工夫や
努力を問い返しながら、たくさんの玉ねぎをど
うやって作るのか、問題意識を醸成していく。

※資料「玉ねぎ農家Ｎさんの畑の写真」を提示する。

T　畑の資料から分かることや疑問に思うこと
　　はありますか？　　　　　　　　　**5**

C　土地が平らでとても広いと思う。

C　こんなに広い土地でどうやって玉ねぎを
　　作っているのかが疑問だ。

T　今日、予想したことや学習したことを振り
　　返り、学習問題を作りましょう。　　**6**

C　札幌市の玉ねぎ農家のＮさんは、たくさんの
　　玉ねぎをどのように作っているのだろう。

学習のまとめの例

〈振り返りの記述例〉

・これから考えていく学習問題は「札
　幌市の玉ねぎ農家のＮさんは、た
　くさんの玉ねぎをどうやって作って
　いるのだろう」になりました。自分
　たちも食べている玉ねぎについてた
　くさん知りたくなりました。

・「札幌市の玉ねぎ農家のＮさんは、
　たくさんの玉ねぎをどうやって作っ
　ているのだろう」が学習問題です。
　見学に行って実際に見てみたいで
　す。

調べる
情報を集める・読み取る・
考える・話し合う

見学では何を調べてきたらよいのだろう

本時の目標
　玉ねぎ農家 N さんの仕事について調べる内容を考える活動を通して、見学・調査の計画を立てる。

本時の主な評価
　農家の生産の工程や仕事などに着目して学習問題の解決に向けた学習計画を立て、学習問題を追究しようとしている【主①】

用意するもの
　見学時に使うワークシート

学習問題

札幌市の玉ねぎ農家の N さんはたくさんの玉ねぎをどうやって作っているのだろう。

本時の展開 ▷▷▷

つかむ　出合う・問いをもつ

板書のポイント
学習問題を板書して、解決方法を自由に発言させる中から、見学に必要なことを引き出すようにし、本時の問いの設定につなげる。

T　前時に考えた学習問題「札幌市の玉ねぎ農家の N さんは、たくさんの玉ねぎをどのように作っているのだろう。」を、どうしたら解決できるか考えてみましょう。　**1**
C　近くの農家に見学に行き、インタビューしたり、本や図書館で調べる。
T　今日は、学習問題を解決するため、見学に必要なことを考えましょう。
＊本時のめあてを板書する。

調べる　情報を集める・読み取る・考える・話し合う

板書のポイント
話合いの中で、子供たちの考えを、玉ねぎの作り方、玉ねぎの特徴、玉ねぎ作りの工夫に分類整理して板書する。

T　何を調べてきますか？　**2**
C　玉ねぎの作り方を調べてみたい。
T　作り方でどんなところを調べたいですか？具体的に教えてください。
C　畑の様子を見たい。
C　N さんの仕事の工夫を聞きたいと思う。
C　玉ねぎの味も知りたい。
C　いつ苗を植えて、どうやって育てて、いつ収穫するのかも聞いてみる。

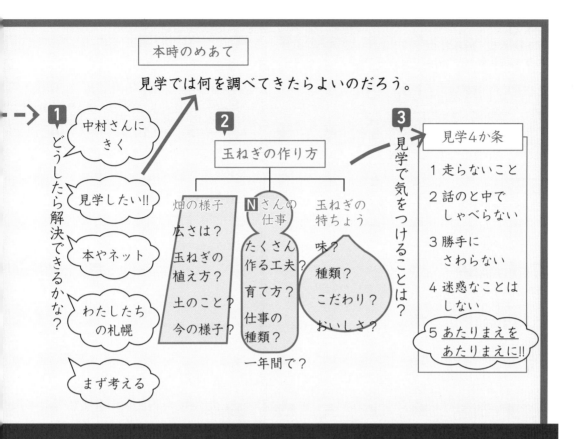

まとめる　整理する・生かす

板書のポイント

見学で気を付けることを話し合い、約束事としてまとめ、分かりやすく確認できるように箇条書きで板書する。

T　農家で見たり聞いたりするときに、気を付けることを確認しましょう。　■3

C　走ったりすると危ないと思う。

C　話を聞くときにはしゃべらないようにする。

C　機械や施設のものに勝手に触らないようにしたほうがいいと思う。

C　メモをしながら話をよく聞くといい。

T　学習したことを振り返って、調べることや約束事をワークシートにまとめましょう。

学習のまとめの例

〈ワークシートの記入例〉

　調べることは、

①玉ねぎ作りの畑や仕事の様子

②農家で働くNさんの工夫や努力

③一年間でする仕事

です。

　約束は、

①走らないこと

②話を聞く時にはしゃべらないこと

③勝手にものに触らないこと

④迷惑なことはしないこと

です。

調べる
情報を集める・読み取る・
考える・話し合う

見学の計画にそって、安全に玉ねぎ農家を見学しよう

本時の目標
　玉ねぎ農家を見学・調査し、調べたこと（見たり聞いたりしたこと）を整理する活動を通して、生産の工程等を理解する。

本時の主な評価
　生産の工程等について、見学・調査して情報を集め、玉ねぎ農家の生産の仕事の様子を理解している【知①】

用意するもの
　見学時に使うワークシート

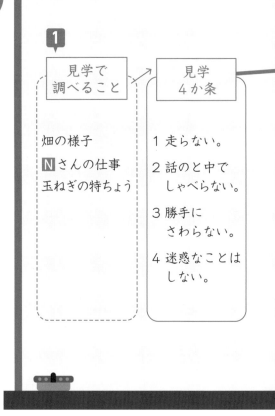

1

見学で調べること	見学4か条
畑の様子 さんの仕事 玉ねぎの持ちょう	1 走らない。 2 話のと中でしゃべらない。 3 勝手にさわらない。 4 迷惑なことはしない。

本時の展開 ▷▷▷

つかむ　出合う・問いをもつ

板書のポイント
前時に確認した調べることと約束事を子供たちから想起させ、目的をもって安全に見学しようとする意識を引き出し、本時の問いにつなげる。

T　前時に考えた調べることと約束事を振り返りましょう。　**◀1**
C　調べることは玉ねぎの作り方・玉ねぎの特徴・玉ねぎ作りの工夫で、約束は4つだ。
T　今日は、見学をして自分の気付きや考えを整理しましょう。
＊本時のめあてを板書する（見ること・聞くこと8割、書くこと2割）。　**◀2**
T　身支度をして、持ち物を確認しましょう。**◀3**

調べる　情報を集める・読み取る・考える・話し合う

板書のポイント
単元を通して着目させたい視点を明確にして、子供たちに関わることで、自分の気付きの質や考えが深まるようにする。

T　見学・調査やインタビューをしましょう。
（見学中の子供たちへの関わり）
○玉ねぎの作り方→機械を使う所と手作業で行う所があるのはなぜか。【生産の工程に着目】
○玉ねぎの特徴→作られている玉ねぎの種類が違うのはなぜか。【生産の工夫や努力に着目】
○玉ねぎ作りの工夫→玉ねぎができるまでどれくれいかかるか。　　【時間の経過に着目】
○玉ねぎ作りの工夫→収穫した玉ねぎはどこに運ばれているか。【他地域との関係に着目】

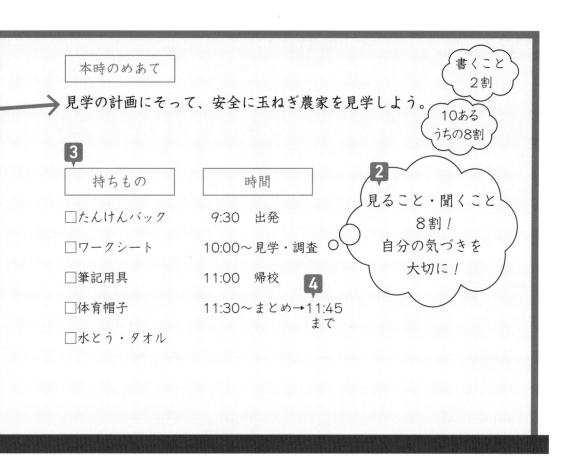

まとめる　整理する・生かす

板書のポイント

できるだけすぐに、見聞きしたことを記録させる。また、見通しをもって活動させるために、まとめを書き終える時間を設定して板書する。

【玉ねぎ農家の見学】

Ｔ　（帰校後）見学・調査したことを整理して、自分の気付きや考えをまとめましょう。

　　　　　　　　　　　　　　　　　4

＊ワークシートやノートにまとめていく。

学習のまとめの例

〈ワークシートのまとめの例〉

①玉ねぎ作りの畑や仕事の様子

　→グラウンド6個分の広さ。

　→ビニールハウスもたくさんある。

　→効率よく機械と手作業で仕事する。

②農家で働くNさんの工夫や努力

　→草取りは一日がかりでやる。

　→農薬はあげすぎない。

　→作りにくい札幌黄という玉ねぎも作っている。

③1年間でする仕事

　→冬から苗を育てる。

　→収穫後にも畑に肥料をあげる。

調べる
情報を集める・読み取る・
考える・話し合う

Nさんは玉ねぎを
どのように作って
いたのだろう

本時の目標

玉ねぎ農家を見学・調査した結果を話し合う活動を通して、玉ねぎ作りの工夫や努力を考える。

本時の主な評価

生産の工夫や努力について見学・調査した結果を話し合ったり考えたりすることで、玉ねぎ農家の仕事の様子を理解している【知①】

用意するもの

見学時に使ったワークシート、仕事の写真

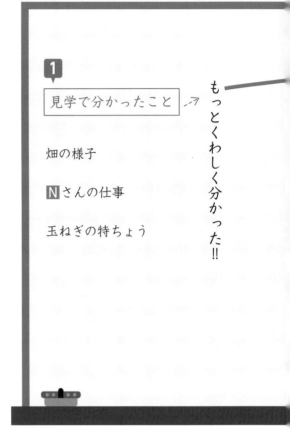

1

| 見学で分かったこと |

畑の様子

Nさんの仕事

玉ねぎの特ちょう

もっとくわしく分かった!!

本時の展開 ▷▷▷▷

つかむ　出合う・問いをもつ

板書のポイント

見学してきたメモをもとに、自由に発言させる中から、分かったことを引き出すようにし、学習問題の設定につなげる。

T　どんなことが分かりましたか？　**1**
C　畑の様子やNさんの仕事が分かった。
C　2種類の玉ねぎの特徴も分かった。
T　今日は、見学をして自分の気付きや考えを整理したことを話し合いましょう。
＊本時のめあてを板書する。
C　畑の広さは340アールあった。　**2**
C　ビニールハウスもあった。

調べる　情報を集める・読み取る・考える・話し合う

板書のポイント

子供たちの発言と関連する仕事の写真を黒板に貼付する。また、畑の様子と作り方に分類し、生産の工夫や努力に着目できるように板書する。

T　草取りやせんべつの手作業は工夫ですね。他の工夫はありましたか？　**3**
C　草取りは3人がかりで一日かけて行っているから、大変だと思う。
C　選別は、一つ一つの大きさを見て、分けているそうだ。
C　北もみじと札幌黄という2種類の玉ねぎを作っていた。　**4**
C　少しでもみんなによい玉ねぎを食べてほしいという願いもあった。

本時のめあて

→ Ｎさんは玉ねぎをどのように作っていたのだろう？

2 畑の様子

広さ340アール（a）
（グランド6こ分）

ビニールハウス×4
（88m×7m）

きかいもある
（トラクター）

見た目も大きい!!

3 Ｎさんの仕事

せんべつも!!

草とり手作業

農薬できるだけ少なく

土を毎日調べる

冬は除雪

かんそう
（味長持ち）

4 玉ねぎの特ちょう

札幌黄と北もみじ

札幌黄
（甘い料理あう）
→病弱長持ちしない

育てにくい

北もみじ
（たくさん作れる強い）
→味が…？

育てやすい

キーワード？

5 要するに

広い畑
（たくさんのビニールハウス）

作ることが大変

細かな工夫

まとめる　整理する・生かす

板書のポイント

分かったことや話し合ったことの中から大切なことに線を引き、子供自身にまとめさせる。それを発表させて、キーワードを板書する。

T　まとめのキーワードを言いましょう。**5**

C　広い畑やたくさんのビニールハウスがあるから、玉ねぎをたくさん作ることができると思う。

C　作り方も大変なのに細かな工夫もしているから、おいしい玉ねぎができると感じた。

C　おいしい玉ねぎを食べてほしいという願いが分かった。

T　このキーワードを使って、振り返りをノートに書きましょう。

学習のまとめの例

〈振り返りの記述例〉

・Ｎさんは、手作業で草取りや選別の作業をしたり、毎日3回、必ず玉ねぎの様子を畑に見に行ったりなど、細かい工夫をして、玉ねぎを作っていることが分かりました。

・作り方が大変な札幌黄という玉ねぎも作っていることが分かりました。大変でも毎日おいしい玉ねぎを食べてもらうために玉ねぎを作っていることに〇〇さんの意見で気付きました。

調べる
情報を集める・読み取る・
考える・話し合う

Nさんは1年間で
どのような仕事を
しているのだろう

本時の目標

玉ねぎ農家Nさんの1年間の仕事を読み取り、農事ごよみにまとめる活動を通して、仕事の種類や工程を理解する。

本時の主な評価

生産の工程や玉ねぎ農家の1年間の仕事などについて調べ、玉ねぎ農家の仕事の様子を理解している【知①】

用意するもの

玉ねぎ作りの1年間の資料、(第6時に使った)仕事の資料

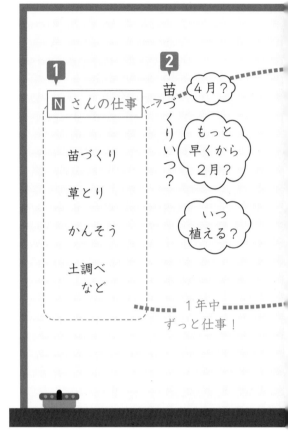

本時の展開 ▷▷▷

つかむ　出合う・問いをもつ

板書のポイント

玉ねぎ作りの仕事を想起させ、それがいつ行われているのかを予想し合い、1年間にどのような仕事をしているのかについて関心を高める。

T　前時に学習した苗づくりや乾燥などの仕事は、いつすると思いますか？　**1**

C　苗つくりは、4月ころかな。　**2**

C　乾燥は、収穫の後だから10月だと思う。

T　今日は、このことについて調べて考えましょう。

＊本時のめあてを板書する。

T　ほかの仕事はどうでしょう。

C　きっと、それぞれの季節ごとに違うと思う。

調べる　情報を集める・読み取る・考える・話し合う

板書のポイント

子供たちの予想と関連する資料と同じ資料を黒板に貼付する。また、時間の経過に着目できるように分かったことなどを板書する。

T　みなさんの予想に関係のありそうな資料「玉ねぎ作りの1年間」を配ります。どんなことが分かりますか？　**3**

C　3月のはじめに苗を育てている。

C　畑ならしを4月にしている。

C　5月～7月に薬を3回まいている。

T　なぜそうする必要があるのですか？

C　おいしい玉ねぎをたくさん作るためだ。

C　私たちが安全に食べられるようにするため。　**4**

本時のめあて

Ｎさんは1年間でどのような仕事をしているのだろう。

3

キーワードは？

5

要するに

味・形よい玉ねぎ
安心安全な玉ねぎ
↓
食べる人たちに届けるための仕事

自分たち

| 1月 | 2月 | 3月4月 | 5月 | 6月 | 7月 | 8月 | 9月 | 10月 | 11月 | 12月 |

除雪 PR活動

種をまく（苗づくりの始まり）

ひりょうをまく〉おいしく形よく

畑をならす 苗を畑に植える

草とり 薬をまく

草とり 薬をまく **4** 安心安全に たくさんの玉ねぎ

薬をまく とり入れ〈かんそう〉味長持ち

せんべつ

ひりょうをまく〉来年のため

畑をおこす 除雪 PR活動

除雪 PR活動

玉ねぎを広める

毎年くりかえす!!

まとめる　整理する・生かす

板書のポイント

はじめて分かったことや考えたことを自由に発言させる中から、キーワードを板書する。そして、農事ごよみにまとめさせるようにする。

T　まとめのキーワードを言いましょう。　**5**

C　玉ねぎを乾燥するのに1か月もかかることが分かった。

C　収穫した後の10月に、ひりょうをまくことが、来年の玉ねぎ作りに必要なことだと分かった。

C　仕事の種類が分かりました。

C　1年間の仕事の流れも読み取れた。

T　今日、学習したことを振り返って、農事ごよみにまとめましょう。

学習のまとめの例

〈子供がまとめた農事ごよみの例〉

1月	除雪・PR活動
2月	種をまく
3月	肥料をまく（おいしく形よく）
4月	畑ならし　苗植え
5月	薬をまく　草取り
6月	（安心・安全のために）
7月	（害虫がつかないように）
8月	取り入れ・乾燥（味が長持ち）
9月	選別（手作業で買う人のため）
10月	土を調べる（来年のため）
11月	肥料をまく（来年のため）
12月	除雪・PR活動

調べる
情報を集める・読み取る・
考える・話し合う

玉ねぎはどこに出荷されていくのだろう

本時の目標
玉ねぎの出荷先を調べる活動を通して、玉ねぎの生産が地域の人々の生活や他地域と関わっていることを理解する。

本時の主な評価
交通網の広がりや他地域とのつながりについて、玉ねぎの出荷先を読み取ったり話し合ったりして調べ、農家の仕事の様子を理解している【知①】

用意するもの
全国の白地図、出荷先に関わる資料

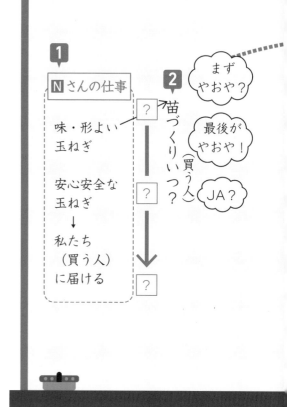

本時の展開 ▷▷▷

つかむ　出合う・問いをもつ

板書のポイント
出荷先に関わる資料を提示して、一番最初に届けられる場所を予想させる中から、疑問を引き出すようにし、学習問題の設定につなげる。

T　Nさんの1年間の仕事で見えてきたことは何でしたか？　■1
C　味・形がよい玉ねぎを私たちに届けていた。
T　では、どうやって私たちに届くのでしょう。　■2
C　スーパーマーケットに直接行くと思う。
T　今日は、このことについて調べて話し合いましょう。
＊本時のめあてを板書する。

調べる　情報を集める・読み取る・考える・話し合う

板書のポイント
出荷先に関わる資料の中の全国の白地図（拡大版）を黒板に貼付する。白地図に子供たちの考えを書き入れ、交通網の広がりに着目させる。

T　みなさんに、「出荷先に関わる資料」を配ります。　■3
T　どんなことが分かりますか？
C　一番最初は、JAに集められる。
C　二番目は、市場に届けられる。
C　全国各地に送り出されている。　■4
T　どうやって届けているのでしょう。　■5
C　船や貨物列車で届けていると思う。
C　トラックでも運ばれている。
C　道路や鉄道が全国とつながっている。

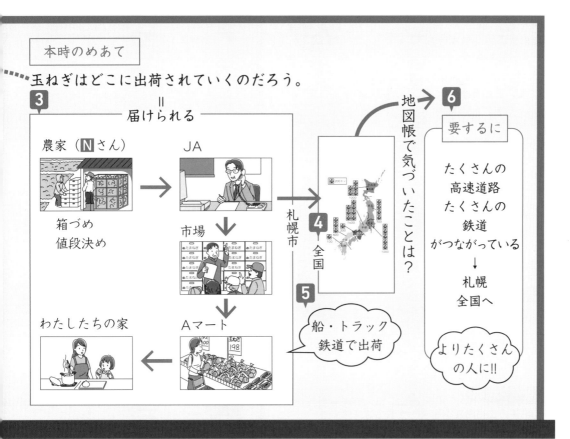

まとめる　整理する・生かす

板書のポイント

地図帳を見て気付いたことを自由に発言させる中から、キーワードを板書する。そして、子供自身にまとめさせるようにする。

T　地図帳を見て、交通網の広がりを確認し、気付いたことを発表してください。　◀**6**

C　札幌市内にも高速道路がたくさんある。

C　船や鉄道、高速道路などたくさんの運ぶ手段がある。

C　全国各地につながっている。

C　札幌の玉ねぎが全国の人たちにも食べられていることに気付いた。

T　今日、学習したことを振り返って、ノートに書きましょう。

学習のまとめの例

〈振り返りの記述例〉

・出荷は、最初がJAだったことに驚きました。でも、箱つめや値段を決めて、みんなが公平だと思いました。また、全国にも届けることができるのは、道路や鉄道があるからです。

・1番のJAと2番の市場は予想どおりでした。全国に、トラックなどの様々な手段で届けられているから、札幌の玉ねぎを食べる人が増えて、Nさんはとても嬉しいだろうと思いました。

調べる
情報を集める・読み取る・
考える・話し合う

Nさんは、どうして「札幌黄」を作り続けているのだろう

本時の目標
　札幌黄を作り続けるNさんの営みを考える活動を通して、農家の営みが消費者の願いに応え、私たちの生活を支えていることを考える。

本時の主な評価
　生産者と消費者の立場に着目して生産の仕事と地域の人々の願いや生活を関連付けてNさんが「札幌黄」を作り続ける理由を考え、適切に表現している【思②】

用意するもの
　札幌黄の出荷時期、札幌黄を買う人のインタビュー、札幌黄を生産している農家の分布図

本時の展開　▷▷▷

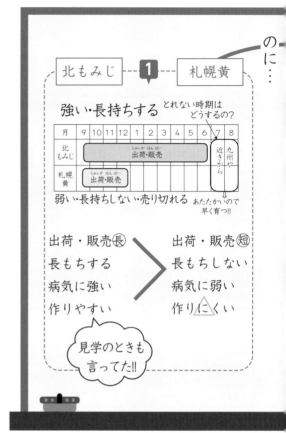

つかむ　出合う・問いをもつ

板書のポイント
札幌黄の出荷時期の資料を提示して、気付いたことを自由に発言する中から、疑問を引き出すようにし、学習問題の設定につなげる。

T　この資料を見て気付くことを発表しましょう。　**1**
C　札幌黄は4カ月間しか出荷・販売をしていないことが分かる。
C　見学に行ったときも、札幌黄は作り続けるのがとても大変だと言っていた。
C　でも、きっと作り続ける理由があると思う。
＊本時のめあてを板書する。
T　どんな理由だと思いますか？
C　買う人のためではないか。

調べる　情報を集める・読み取る・考える・話し合う

板書のポイント
買う人（消費者）の立場とNさん（生産者）の立場を明確にして板書する。そして、生産者と消費者の願いを関連付けて考えるようにする。

＊資料「札幌黄を買う人のインタビュー」を提示する。
T　どうしてだと思いますか？　**2**
C　ほかに比べて甘みが強く味がいいから。
C　味がしみ込みやすいから料理に合う。
C　消費者に人気がある。
T　Nさんはどんな願いがあるのか、吹き出しに書いて発表しましょう。　**3**
C　作るのは大変だけど喜ぶ人がいて嬉しい。
C　作り続けることでおいしさを知ってほしい。

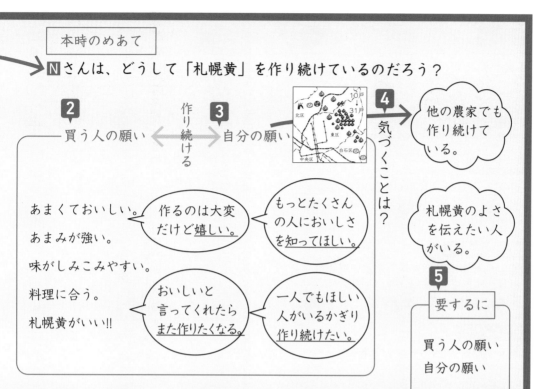

まとめる　整理する・生かす

板書のポイント

資料を見て気付いたことを自由に発言させる中から、キーワードを板書する。そして、子ども自身がまとめられるようにする。

＊資料「札幌黄を作っている農家の数」を提示する。

T　気づいたことを発表しましょう。　[4]

C　他の農家も、札幌黄を作り続けている。

C　Nさんだけじゃなく、札幌黄のよさを伝えようとしている農家がいることに気付いた。

T　まとめのキーワードを言いましょう。　[5]

C　買う人の願いとNさんの願いだ。

C　願いが一緒だから、作り続けている。

T　学習の振り返りをノートに書きましょう。

学習のまとめの例

〈振り返りの記述例〉

・Nさんは、札幌黄が作りにくくても、買う人のために作り、それがやりがいになっているから、作り続けていると思います。

・Nさんや農家の方は、札幌黄を作り続けることで、買う人に札幌黄のおいしさを広げたいということが分かりました。一人でも買う人がいる限り、作り続けると思います。

まとめる
整理する・生かす

調べたことや考えたことから、学習問題を解決しよう

本時の目標
　これまで学習してきたことを振り返る活動を通して、たくさんの玉ねぎをどのように作っているのかを考える。

本時の主な評価
　生産の仕事と地域の人々の生活を関連付けて、地域に根差した玉ねぎ作りの仕事について考え、適切に表現している【思②】

用意するもの
　これまでのノートやワークシートなど

1

これまでの学習で分かったこと

玉ねぎ作りの方法

Ⓝさんの工夫や努力

買う人とⓃさんの願い

本時のめあて

調べたことや考えたことから、学習問題を解決しよう。

本時の展開 ▷▷▷

つかむ　出合う・問いをもつ

板書のポイント
これまでの学習を振り返り、自由に発言させながら学習問題の結果に関わるキーワードを板書し、見通しをもたせて本時の問いを設定する。

T　これまでの自分の学習を振り返り、分かったことはありますか？　　　　　　**1**
C　玉ねぎ作りの方法が分かった。
C　工夫や努力を知ることができた。
T　今日は、学習問題の結果を考えましょう。
＊本時のめあてを板書する。
T　どのように解決しますか？
C　より具体的に振り返れば解決できる。
C　ノートやワークシートを見て振り返る。

調べる　情報を集める・読み取る・考える・話し合う

板書のポイント
畑の大きさ・仕事の種類や工程・生産者と消費者の願いなど分類して板書し、相互の事象を関連付けて考えさせるようにする。

T　たくさんの玉ねぎを作ることができる理由を振り返り、話し合いましょう。　**2**
C　農家の畑の大きさや玉ねぎの特徴を生かした玉ねぎ作りをしていました。
T　どのように作っていましたか？　　　**3**
C　毎日畑を見に行っていました。
C　札幌黄など、作る人と買う人の強い願いがあることも分かりました。
C　私たちの食生活が農家の人の努力で支えられていることにも気付いた。　　　**4**

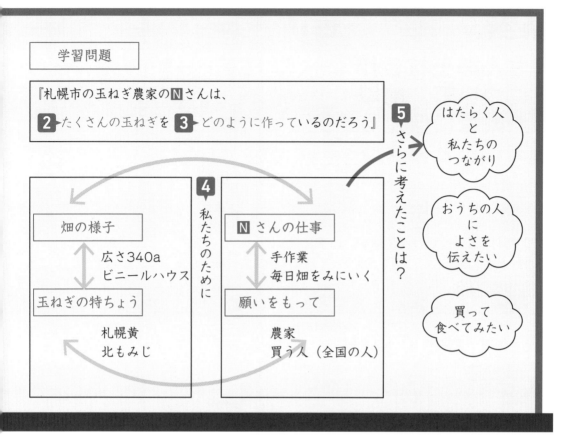

まとめる　整理する・生かす

板書のポイント

学習問題に対して、更に考えたことを発表させて、キーワードを板書し、さらなる追究の視点をもたせていく。

T　互いに話し合った学習問題の結果を、ノートにまとめましょう。

＊ノートにまとめる。

T　学習問題についてさらに考えたことはありますか？　**5**

C　はたらく人と私たちのくらしだから、もっとそのつながりについて整理したい。

C　玉ねぎ作りのよさをもっとお家の人や地域の人に知ってほしいと思った。

T　では、ノートに付け加えてまとめましょう。

学習のまとめの例

〈振り返りの記述例〉

①たくさん作ることができる理由

→畑の広さ農薬や肥料の量の工夫、玉ねぎの成長に合った仕事をしています。

②どのように作っているかの理由

→おいしい玉ねぎを作りたいと願いをもって、夏も冬も手作業と機械で玉ねぎを作っています。

さらに…

　Nさんの話を聞いて、自分と玉ねぎのつながりをもっと考えたいです。

まとめる
整理する・生かす

Ｎさんの玉ねぎ作りについて、地域の消費者に伝える新聞にまとめよう

本時の目標
学習問題について調べ、整理したことを新聞に書く活動を通して、生産の仕事と地域の人々と密接な関わりをもって行われていることを理解する。

本時の主な評価
生産の仕事と地域の人々の願いとの関連を考えて新聞にまとめ、生産者と地域の人々の生活との密接な関わりを理解している【知②】

用意するもの
新聞のレイアウト

学習問題

札幌市のＮさんは、たくさんの玉ねぎを どのように作っているのだろう。

Ｎさんの

1 玉ねぎのことを知ってほしい人

おうちの方　　おじいちゃん
地域の人　　　おばあちゃん
　　　　　　　２年生

近所の高橋さん　　１年生にも！

本時の展開 ▷▷▷

つかむ　出合う・問いをもつ

板書のポイント
学習問題と本時のめあてを板書する。何を新聞に書いたらよいかを発言させながらキーワードを板書し、新聞作りの見通しをもたせる。

Ｔ　Ｎさんの玉ねぎ作りについて、知ってほしい人に伝える新聞をまとめましょう。　**1**
＊本時のめあてを板書する。

Ｔ　○○に伝えるには、新聞に何を書いたらいいですか？　**2**

Ｃ　これまで学習したＮさんの玉ねぎ作りで調べたことや考えたことだ。

Ｃ　農家の工夫や私たちとのつながりを書いたらいいと思う。

調べる　情報を集める・読み取る・考える・話し合う

新聞作りのポイント
○○に着目して新聞を作成している子供を紹介したり板書したりすることで、より書く内容を吟味させていく。

Ｔ　では、新聞を作りましょう。
（作成中の評価のポイント）
○作物の種類に着目しているか。
○産地の分布に着目しているか。
○生産の工程に着目しているか。
○生産の工夫や努力に着目しているか。
○時間の経過に着目しているか。
○交通網の広がりに着目しているか。
○生産者と消費者を関連付けているか。
○生産の仕事と地域の人々を関連付けているか。

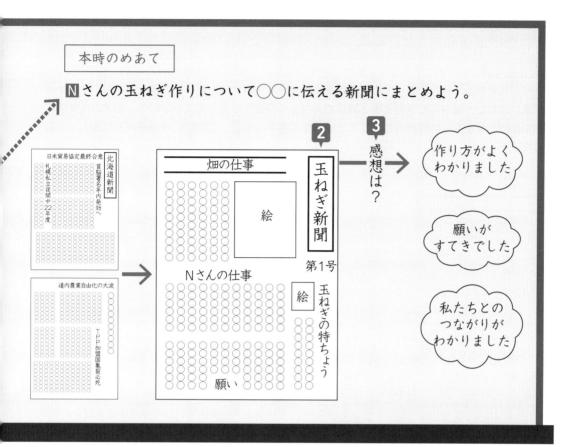

まとめる　整理する・生かす

板書のポイント

感想を自由に交流していく中で、生産の仕事と地域の人々の生活との密接な関わりに関係するキーワードを板書し、理解を深める。

T　作った新聞を紹介し合い、感想を伝えましょう。　**3**

＊隣の人などで紹介し合い、感想を伝える。

C　生産の様子がとてもよく分かった。

C　Nさんの願いがとてもよく伝わる。

C　生産者と消費者がおいしいものを売りたい、買いたいというつながりがいい。

C　農家の仕事が私たちの生活に欠かせないことが分かった。

C　他の野菜のことも知りたくなった。

学習のまとめの例

〈新聞の活用例について〉

・他のクラスと交流する。

・家族の感想を学級通信などに記載。

・新聞を地域の地区センターに掲示。

・地域のお祭りなどで、新聞の発表をする場をつくり、PRする。

〈新聞の中の振り返りの記述例〉

　私たちの地域ではたくさんの農作物が作られていますが、1番多いのが玉ねぎ農家です。その中でもNさんは、地域の人が、あまくて味がよい「札幌黄」を食べたいという願いにこたえて作り続けています。私たちと農家の人はつながっているのです。

工場の仕事 選択B

単元の目標

地域に見られる工場の仕事について、仕事の種類や産地の分布、仕事の工程、他地域や外国とのつながりに着目して調べ、生産の仕事と地域の人々との関連を考え、生産の仕事は、地域の人々の生活と密接な関わりをもって行われていることを理解するとともに、主体的に学習問題を解決しようとする態度を養う。

学習指導要領との関連　内容(2)「地域に見られる生産や販売の仕事について」アの(ア)(ウ)及びイの(ア)

第1～3時	第4～7時
つかむ「出合う・問いをもつ」	調べる
〔第1時〕 ○札幌市ではどのような食料品が作られているのだろう。　　　　　　　　　　【知①】 ・市の特産品について紹介し合う。 ・食料品の包装や容器を読み取る。 ★**工場の種類に着目する。** 〔第2時〕 ○工場は市内のどのあたりにあるのだろう。【知①】 ・工場の位置を探し、地図上に位置付ける。 ・市内の工場が集まっているところを探す。 ★**市内における工場の種類と分布に着目する。** 〔第3時〕 ○ラーメン工場を見学する計画を立てよう。 　　　　　　　　　　　　　　　【思①・主①】 ・工場についての疑問を出し合い学習問題を設定する。 【学習問題】 市内の工場では、たくさんのおいしいラーメンをどのようにして作っているのだろう。 ・学習問題の予想をして見学の計画を立てる。	〔第4・5時〕 ○ラーメンはどのように作られるのだろう。【知①】 ・見学に行く前に設定した「見てくること」や「聞いてくること」などに即して見学を進める。 ・確かめたことや新たに発見したことなどをメモに記録する。 ★**製造の工程に着目する。** 〔第6時〕 ○ラーメン工場ではたらく人はどんなことをしているのだろう。　　　　　　　　【思①】 ・工程を機械作業と手作業とに分ける。 ★**人の手でする仕事に着目し、その理由を考える。** 〔第7時〕 ○ラーメンの原料はどこから来ているのだろう。 　　　　　　　　　　　　　　　　　　【思②】 ・原料の仕入れ先を調べ、地図に位置付ける。 ・ラーメンの材料を遠くから運ぶ必要があるのかを考える。 ★**他地域や外国とのつながりに着目する。**

単元の内容

本単元では、地域に見られる生産の仕事と地域の人々との密接な関わりを理解させたい。札幌市で言えばラーメン工場や乳製品工場など、その地域に根付いているものを教材化したい。

社会科の大きな魅力の一つである現地学習を生かし、実際に目にしたこと、気付いたことが学習の中に位置付くように単元を構成することが重要である。

また、工場の分布や原料の仕入れ先、製品の輸送先など、地図を活用して、他地域とのつながりを意識させることで、都道府県名や国名などと関連付けて学習することができる。

工場の仕事は生産性の向上やコスト削減などだけが目的ではなく、消費者の願いに応えようとしていることに気付くことで、地域の人々との関わりに目を向けることができる。

単元の評価

知識・技能	思考・判断・表現	主体的に学習に取り組む態度
①仕事の種類、産地の分布、生産の工程、他地域や外国とのつながりについて、工場を見学・調査したり、地図で調べたりして情報を集め、工場の仕事の様子を理解している。 ②見学・調査したことを白地図や新聞などにまとめ、生産の仕事は、地域の人々の生活と密接な関わりをもって行われていることを理解する。	①仕事の種類、産地の分布、生産の工程、他地域や外国とのつながりに着目して問いを見いだし、生産の仕事の様子について考え、表現している。 ②調べたことをもとに、生産の仕事と地域の人々の生活を関連付けて考え、白地図などにまとめたことを基に説明している。	①工場の生産の仕事について、予想や学習計画を立てたり、学習を振り返ったりして、学習問題を追究し、解決しようとしている。

【知】：知識・技能　【思】：思考・判断・表現　【主】：主体的に学習に取り組む態度　○：めあて　・：学習活動　★：見方・考え方

第8・9時	第10・11時
「情報を集める・読み取る・考える・話し合う」	まとめる「整理する・生かす」
（第8時） ○工場ではたらく人はどうして白い服をきているのだろう。　　　　　　　　　　【知①】 ・衛生を保つための服装の特徴を調べる。 ・衛生を保つ理由を、買う人の立場から考える。 ・働く人々が気を付けていることを話し合う。 ★安全や衛生への工夫や努力に着目する。 （第9時） ○ラーメン工場ではどうしてたくさんの種類の麺を作っているのだろう。　　　　【思①】 ・麺の種類を数多く作っている理由を話し合う。 ・生産者の立場と消費者の立場にその理由を整理する。 ・生産者は消費者の事を考えているという視点で意見をまとめる。 ★消費者と生産者のお互いの思いを関連付けて考える。	（第10時） ○どうして時間をかけてまで札幌のラーメンを外国に運ぶのだろう。　　　　　　　【知①】 ・製品の運び先を調べ、地図に位置付ける。 ・製品の輸送方法を調べ、地図に位置付ける。 ・遠い地域までラーメンを運ぶ理由を考える。 ★他地域や外国とのつながりに着目する。 （第11時） ○分かったことをラーメン新聞にまとめよう。 　　　　　　　　　　　　　【知②・思②】 ・調べて分かったことを振り返り、新聞に整理する。 ・学習問題に考えたことをノートにまとめ、考えたことを互いに発表し合う。 ○工場の仕事と自分たちの生活とを関連付けて考えて、お互いに説明し合う。 ★生産の仕事と地域の人々を関連付けて考える。

問題解決的な学習展開の工夫

　「つかむ」段階では、たくさんあるラーメン工場に着目して学習問題を設定して、工場の見学の見通しをもたせる。

　「調べる」では、工場見学で分かったことを確認しながら単元の学習を進め、「あんなにたくさんの工程が必要なのに」「こんなにたくさんのことに気を付けて製品を作っているのに」といった思いを子供たちから引き出していく。

　「まとめる」では、製品をたくさん作る理由や製品をおいしくする理由など、工場ではたらく人の思いを考える時間を設ける。「そこまで多くの種類の製品をつくるのはどうしてか」など、工夫や努力の意図を問うことで、工場で働く人の思いに迫り、工場で働く人の立場と製品を購入する自分たちの立場の両面から地域の生産の仕事への考えを深めることができる。

つかむ
出合う・問いをもつ

札幌市ではどのような食料品が作られているのだろう

本時の目標
　自分たちの住む地域ではどのような食料品が作られているかを探す活動を通して、札幌市では様々な種類の食料品が生産されていることを理解し、工場への関心を高める。

本時の主な評価
　自分たちの住む地域で作られる食料品について、製品の種類に着目してパッケージなどから産地を調べ、その種類や数などを理解している【知①】

用意するもの
　地域で作られる食料品のパッケージ

1

本時のめあて

札幌市ではどのような
食料品がつくられているのだろう。

牛にゅう…給食でまいにち出るから。

ラーメン…ゆうめいだから。

パン…よくたべるから。

本時の展開 ▷▷▷

つかむ　出合う・問いをもつ

板書のポイント
自分たちの住む地域ではどのようなものが作られているかを、生活経験を基にした考えを引き出し、板書に位置付ける。

T　札幌市ではどのような食料品が作られていますか？
C　牛乳、ラーメン、ジンギスカン。
C　有名なものを作っていると思う。
C　パンは毎日必要だから、近くで作っていると思う。
T　今日はこのことについて調べてみましょう。　**1**
＊本時のめあてを板書する。

調べる　情報を集める・読み取る・考える・話し合う

板書のポイント
製品のパッケージを拡大して貼付する。製造場所が分かる表記を一緒に読み取った後に、集めたパッケージを読み取り産地を調べる。

T　みなさんの持ち寄った製品のパッケージを見ると、どこで品物が作られているかが分かります。一緒に見てみましょう。 **2**
※事前に食料品のパッケージを集めさせておいたり、教師が用意しておいたりして準備する。
T　どんなことが分かりますか？
C　札幌で作っていると思ったら違っていたものがあった。
C　同じ場所でいくつもの品物を作っていることがある。

パッケージの見方

製造所＝つくっているところ

2 分かったこと

┌── 札幌 ──┐
ラーメン　ケーキ
牛にゅう　なっとう
べんとう　ヨーグルト

┌── それいがい ──┐
アイス　　ジュース
おかし　　とうふ
パン

3

札幌市では
いろいろな食料品をつくっている。

まとめる　整理する・生かす

板書のポイント
市内には多くの食料品を作る工場があって、
様々な種類の製品を作っていることをまとめる。

T　機械や器具を使ってものを作ったり、加工
　したりする場所を工場と言います。
　札幌市にある工場についてどのようなことを
　知りたいですか？　考えましょう。
C　どのようにものを作っているのか知りたい。
C　どのように作っているのか知りたい。
C　作ったものは工場からどこに行くのか知り
　たい。
T　今日、学習したことを振り返りましょう。
▶**3**

学習のまとめの例

〈振り返りの記述例〉
・今日の学習で工場とはどういうとこ
　ろを表すのかが分かりました。
・その食料品がどこで作られているの
　か調べるにはパッケージを見るとよ
　いことが分かりました。
・工場の中ではどんなことがされてい
　るのか中の様子を詳しく調べたいで
　す。

※**分かったこととともに、次の学習で調べ
　たいことも記述させる。**

つかむ
出合う・問いをもつ

工場は市内のどのあたりにあるのだろう

本時の目標
　札幌市のどこにどのような規模の工場があり、どのあたりに工場が広がっているのか理解する。

本時の主な評価
　工場の分布について地図を使って調べ、市内における工場の位置や広がりを理解している【知①】

用意するもの
　地域で作られる食料品のパッケージ、市の白地図や地図帳、種類別の工場の数のグラフ、働く人数別の工場の数のグラフ

本時の展開 ▷▷▷

1

本時のめあて

工場は市内の
どのあたりにあるのだろう。

よそう

・中央区は市の中心だから
　たくさんありそうだ。

・南区は広いから多そうだ。

・どこかにまとまってあるかもしれない。

つかむ　出合う・問いをもつ

板書のポイント
黒板に市の白地図を用意し、工場の分布を目で見て分かるようにする。

＊本時のめあてを板書する。　　　　　◀**1**

T　食料品のパッケージから見付けた工場の場所を白地図の上に印を付けましょう。

C　白石区や厚別区には工場が多い。

C　大きな道路が通っている近くに工場がある。

C　札幌市のどの区にも工場がある。

C　中央区に多いわけではなさそうだ。

調べる　情報を集める・読み取る・考える・話し合う

板書のポイント
　2つのグラフを黒板に貼付する。グラフの読み取りから市内の工場の特徴に気が付くことができるようにする。

T　種類別の工場の数のグラフを見ましょう。どんなことが分かりますか？
　　　　　　　　　　　　　　　　　◀**2**

C　札幌市では食料品の工場が一番多い。

C　札幌市には印刷関連の工場も多くある。

T　大きさ別の工場の数のグラフを見ましょう。どんなことが分かりますか？

C　働く人の少ない小さな工場が多い。

C　100人以上働くような大きな工場は少ない。
　　　　　　　　　　　　　　　　　◀**3**

2 しゅるいべつの工場の数（2016）

	0	200	400	600	800
食料品					
印刷					
金属					
家具					
プラスチック					
その他					

3 大きさべつの工場の数（2016）

	0	100	200	300	400	500	600
1〜3人							
4〜9人							
10〜19人							
20〜29人							
30〜99人							
100人以上							

― しゅるいべつの ―
　工場の数

食料品工場が多い。

印刷工場も多い。

― 大きさべつの ―
　工場の数

小さい工場が多い。

大きな工場は
ほとんどない。

4 分かったこと

札幌市には食料品工場が多くあり
どの区にも工場がある。

まとめる　整理する・生かす

板書のポイント

　工場の分布と市内の工場の特徴を関連付けて考えられるように明らかになったことを板書する。

T　今日、分かったことを整理しましょう。

C　札幌市では白石区や厚別区など、市の中心ではないところに工場が多くある。

C　札幌市には食料品工場や印刷工場が多い。

C　札幌市の工場は大きな工場は少なく、小さな工場が多い。　**4**

T　食料品工場の中でもラーメン工場について調べてみることにしましょう。

学習のまとめの例

〈ノートの記述例〉

・今日の勉強では札幌市にはいろいろな種類の工場があることが分かりました。

・牛乳のような有名なものが多いと思っていたけれど、納豆やお菓子などの工場もあることが分かりました。

・札幌市にはどの区にも工場があることが分かりました。食料品工場ではどんなものを作るのかを知りたいです。

つかむ
出合う・問いをもつ

ラーメン工場を見学する計画を立てよう

本時の目標

ラーメン工場についての疑問を集めて、学習問題を設定し、工場の見学をしてどのようなことを確かめたいか、見学の視点をもつ。

本時の主な評価

製麺所の仕事に着目して問いを見いだし、学習問題を設定している【思①】／予想や学習計画を立て、学習問題を追究するために見学しようとしている【主①】

用意するもの

見学の際に活用するワークシート

1

本時のめあて

ラーメン工場を見学する
計画を立てよう。

行き先 N製麺 めんをつくる工場

原料は何か どんなきかいがあるか
何にんくらいはたらいているか

2

学習問題

市内の工場ではたくさんの
おいしいラーメンをどのように
作っているのだろう

本時の展開 ▷▷▷

つかむ 出合う・問いをもつ

板書のポイント

自由に話し合わせる中で様々な視点から調べることに気付かせるとともに、予想をしながら考えるようにする。

T　今日は工場見学に向けて話し合いましょう。

＊本時のめあてを板書する。　**1**

C　機械の動く様子を調べたい。たくさん作るから大きな機械が動いているのではないか。

C　工場にはどれくらいの人が働いているのだろう。いろいろな仕事があるから多くの人が働いているのではないか。

C　人気の麺だからつくり方にひみつがある。

調べる 情報を集める・読み取る・考える・話し合う

板書のポイント

疑問から学習問題を設定し、見学で調べることを黒板に〈もの・ひと・こと〉の観点ごとに分類して書くようにする。

＊学習問題を板書する。　**2**

T　調べることを〈もの・ひと・こと〉に分けてみましょう。　**3**

C　機械の様子は実際に見てみれば分かる。

C　はたらく人の様子は直接インタビューしてみよう。

T　グループや近くの人と同じことを調べたい人はいないか確かめてみましょう。

☆麺づくりのくふう☆

> N製麺では、こんな風に
> ラーメンがつくられているよ。
> おいしい麺づくりのくふうを
> 書きこもう！

①もの（どんなものがあったかな？）

見てわかったこと	聞いてわかったこと

②ひと（はたらくひとのようすは？）

見てわかったこと	聞いてわかったこと

③こと（どんなことをしていたかな？）

見てわかったこと	聞いてわかったこと

本時の問い

工場を見学して
どんなことをしらべたいのだろう。

3

〈もの〉

きかいの数
きかいのしゅるい
たてものの広さ
つかうどうぐ

〈ひと〉

はたらく人の
　にんずう

何をしているか
どんなようすか

〈こと〉

めんのつくりかた
気をつけていること
たいへんなこと

4

見学してラーメン工場のひみつをしらべよう。

まとめる　整理する・生かす

板書のポイント

工場見学で調べてくることから何が明らかになるかを「ひみつ」をキーワードにして板書する。

T　工場見学を通してどんなことを明らかにしたいのでしょう。　**4**

C　おいしいラーメンを作るひみつ。

C　ラーメンをたくさん作るひみつ。

C　安全なラーメンを作るひみつ。

T　ワークシートに見学で見ていくことを書きましょう。次の時間は実際に見学してきます。

学習のまとめの例

〈ノートの記述例〉

・ラーメン工場では何を調べてきたらよいかが分かりました。

・工場は機械がたくさん使われていると思うけれど、人はどのような仕事をしているか知りたいです。

・おいしいラーメンを作るにはいくつものひみつがありそうなことが分かりました。そのひみつを実際に見てきたいです。

調べる
情報を集める・読み取る・
考える・話し合う

ラーメンはどのように作られるのだろう

本時の目標
　ラーメン工場の見学を通して分かった作り方の流れを確かめ合って製造工程と機械の働きを理解する。

本時の主な評価
　製造工程と機械の働きについて調べ、ラーメンができるまでを整理して、ラーメンが作られる手順を理解している【知①】

用意するもの
　見学の際に活用するワークシート、工程ごとの様子を表す写真資料

1 本時のめあて　　ラーメン

2

| 小麦こ | |
| たまご | ねり水 |

原料　　　　　　まぜる

3 こむぎ、たまご、
ねり水

本時の展開 ▷▷▷

つかむ　出合う・問いをもつ

板書のポイント
ラーメンが原料からできていく順番に板書することで子供の思考に沿うように書き進める。

＊本時のめあてを板書する。　　　**1**
T　ラーメンができるまでを原料から製品の順に調べていきましょう。
C　見学した順番に写真を並べ替えてみよう。
C　メモを見ると作り方の様子が書いてある。
C　原料の小麦粉を、混ぜて→こねて→のばして切って→ほうそうして→ケースにつめて、ラーメンが完成している。

調べる　情報を集める・読み取る・考える・話し合う

板書のポイント
写真資料を提示して機械と行われる作業が結び付くようにする。

T　工場ではどんな機械が使われていたでしょうか？
　　　2
C　原料を混ぜる機械。
C　原料を練る機械。
C　原料を伸ばして切る機械。
C　製品を包装する機械。
C　どの作業でも機械を使って作っていた。
C　機械でつくっているからたくさん速くできる。
T　工場の施設や機械について確かめましょう。

はどのように作られるのだろう。

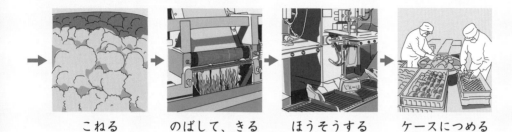

こねる	のばして、きる	ほうそうする	ケースにつめる
いちどにたくさんのりょうを	いくつものローラーふとさやちぢれぐあい	せいひんごとりょうをはかって	むきをそろえて

まとめる　整理する・生かす

板書のポイント

子供のつぶやきや、見学した感想などの生の声を吹き出しなどを利用して書き表すことで、場面を具体的に想像できるようにする。

C　最初は原料を混ぜる。原料は小麦。　**3**

C　次に大きな機械で一気に原料を練り上げていた。

C　麺に切るときの刃は何種類もあるために、つくるものに応じて付け替えていた。

C　切った麺は次々に素早く包装されていた。

T　それぞれの工程を見たときの感想を近くの人と交流しましょう。

学習のまとめの例

・工場にはたくさんの施設や大きな機械があり、それぞれが動くことでラーメンができあがっている。

・ラーメンができあがるまでのほとんどの作業は機械が行っており、人のすがたはそれほど多くない。

・ラーメンはいろいろな作業があり、いろいろな工夫が積み上げられて作り上げられている。

調べる
情報を集める・読み取る・
考える・話し合う

ラーメン工場ではたらく人はどんなことをしているのだろう

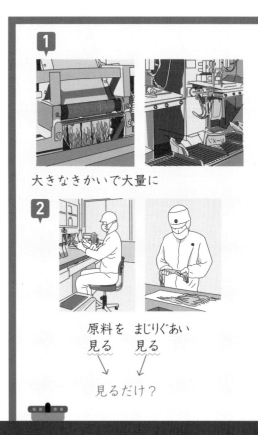

1 大きなきかいで大量に

2 原料を　まじりぐあい
　見る　　見る

見るだけ？

本時の目標

　おいしく安心して食べることができるラーメンを作るためには、機械だけでなく人の仕事が大切であることについて考える。

本時の主な評価

　人の手でする仕事に着目して問いを見いだし、様々な機械の働きと人の仕事を関連付けて、よりよい品質の製品を作る工場の工夫について考え、表現している【思①】

用意するもの

　工場の機械や作業の様子が分かる資料

本時の展開 ▷▷▷

つかむ　出合う・問いをもつ

板書のポイント
工場にある様々な機械による作業の様子が分かる資料と人の作業の様子が写っている資料を提示し、比較しながら問いを生むようにする。

T　ラーメンづくりの様子を確かめます。　◀1
C　大きな機械がたくさんあった。
T　では、工場で働く人は何をしているのでしょう。
T　この人は何をしていると思いますか？　◀2
C　ラーメンを見ています。
C　原料の混じり具合や出来上がりの様子を見ていると思います。
＊本時の問いを板書する。　◀3

調べる　情報を集める・読み取る・考える・話し合う

板書のポイント
作業を機械だけに頼ることの不安と人の手作業によって生まれるよさの両面から板書することで「安心」という視点に気付くようにする。

T　考えを発表しましょう。　◀4
C　機械にミスがあったら困るからよくない。
C　混じり具合がよくないとおいしいラーメンができない。
C　機械ではできないことを人がしている。
C　でき具合の判断は人でないとできない。
T　最後に人が確かめていると、買う人はどう思いますか？
C　安心する。

3　本時の問い

きかいだけにまかせておくのでは
いけないのだろうか。

4

きかいがこわれたら
こまる

ミスがあると
全部台なしになる

安心して
食べられる

きかいではできない
細かいこと

しっかり目で見て
たしかめられる

人のわざがいかせる

学習のまとめ

工場ではきかいと人が力を合わせて
ラーメンをつくっている

ほかには
どんな人がはたらいていたかな？

5

事むの人
ちゅうもんを
する
原料を
しいれる

トラックの
うんてんしゅ
20台のトラック
冷やしたまま
ちかくの市へも

まとめる　整理する・生かす

板書のポイント

工場で働く様々な人の具体的な仕事の場面をイメージすることで、人の存在の重要性に気付くようにする。

T　どんな人が工場で働いていましたか？　**5**
C　事務の人はラーメンの注文を受けていた。
C　トラックを運転する人がいた。
C　運ぶ人がいないとラーメンが届かなくて困る。
T　ほかにも工場で人がしていることの理由を考えてみましょう。
C　お客さんが食べるものだから、味と安全は機械と人が力を合わせて作る必要がある。

学習のまとめの例

〈ノートの記述例〉

・ラーメンは機械の力と人の力が合わさって作られているので安心して食べることができます。

・機械だけに作業を任せないことで責任をもっておいしいラーメンを作ろうとしています。

・札幌のラーメンは、工場で働く人たちの努力によって多くの人に好まれています。

調べる
情報を集める・読み取る・
考える・話し合う

ラーメンの原料は
どこから来ている
のだろう

本時の目標

ラーメンの原料について調べる活動を通して、おいしいラーメンがいつでも食べられることと外国とがつながっていることを理解する。

本時の主な評価

他地域とのつながりに着目してラーメンの原料の産地を調べ、工場と外国がつながっていることや、いつでも買えるように工場が原料を確保している工夫を考え、適切に表現している【思②】

用意するもの

世界地図と国旗、原料が保管されている施設の資料

本時の展開 ▷▷▷

つかむ　出合う・問いをもつ

板書のポイント
カナダ、オーストラリア、アメリカといった小麦の原産国の位置が分かるように地図を貼り付け、確認する。

T　ラーメンの原料はどこから来ていると思いますか？　**1**

＊本時のめあてを板書する。

C　大きなタンクに入っているから大量に作っている国だと思う。

C　見学したときの資料で確かめられそうだ。

C　小麦はアメリカやカナダやオーストラリアなどの外国からも運ばれている。　**2**

＊本時の問いを板書する。　**3**

調べる　情報を集める・読み取る・考える・話し合う

板書のポイント
「買う人のため」というキーワードに集約されるように、子供たちの意見を分類して板書していく。

T　理由を話し合ってみましょう。　**4**

C　外国はたくさんの小麦を作っているから。

C　小麦が少ないと作りたいときに作れないから。

C　味がよくなるようにいろいろな小麦を使っているから。

T　たくさんのおいしい麺をいつでも買えるようにする工夫ですね。買い物に行くお店を想像しましょう。

C　私の家もよくラーメンを買う。

3 本時の問い

どうして小麦をこんなに遠くから
運ぶひつようがあるのだろう。

4

国は
たくさんつくっている大りょうにはこべる。

買う人のため

おいしさ
めんに合う小麦を味がよくなる

5

いつでもかえると
うれしい。
多くの人がたべられる
もっとおいしいめんが
つくれるかも。

いつでもかえるように　　　おいしいめんのために

6 学習のまとめ

たくさんのおいしいめんを
いつでも買えるようにするために運んでいる。

まとめる　整理する・生かす

板書のポイント
買う人の立場に立って考えるようにし、具体的
な場面をイメージできるように板書する。

T　いつでもおいしい麺を買えると何がよいで
すか？　**5**

C　いつでも食べられるとうれしい。

C　ラーメンをもっと好きになると思う。

C　多くの人に食べてもらえる。

C　みんながラーメンを買えるから札幌のラー
メンがもっと有名になる。

T　今日の学習をまとめましょう。　**6**

C　たくさんのおいしいめんをいつでも買える
ようにするために外国から運んでいる。

学習のまとめの例

〈ノートの記述例〉

・札幌のラーメンはカナダやオースト
ラリア、アメリカなどから小麦を運
ぶことでいつでも買うことができま
す。

・いろいろな国や地域から集めた小麦
を使うことで買う人に喜ばれる麺を
作っています。

・大きなタンクにたくさんの小麦を保
管しているからたくさんの麺を作る
ことができています。

調べる
情報を集める・読み取る・考える・話し合う

工場ではたらく人はどうして白い服をきているのだろう

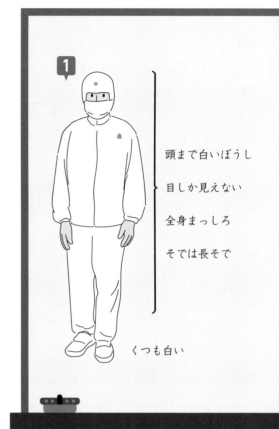

1

頭まで白いぼうし

目しか見えない

全身まっしろ

そでは長そで

くつも白い

本時の目標

　工場で働く人の服装がみんな同じ白い服である理由を考える活動を通して、工場が衛生面に配慮して生産していることを理解する。

本時の主な評価

　工場で働く人の服装など衛生面に気を付ける取組について調べ、安全な食料品を生産するための工場の工夫や努力を理解している【知①】

用意するもの

　働く人の服装が分かる写真資料
※実物を借りることも考えられる。

本時の展開 ▷▷▷

つかむ　出合う・問いをもつ

板書のポイント
工場で働く人の服装の様子が分かる写真を貼り付け、服装を細かく確かめられるようにし、話合いを通して本時の問いにつながるようにする。

T　工場で働く人の服装を見てどんなことに気付きますか？　　1
C　みんな白い服を着ている。
C　目の周りしか見えない。
C　靴まで白い。
T　今日はこのことについて考えましょう。

＊本時のめあてを板書する。

調べる　情報を集める・読み取る・考える・話し合う

板書のポイント
衛生面について調べる中で安全面についての考え方と結び付くように板書する。

C　白い服だと汚れがよく見える。
C　汚れに気付かないと麺に汚れが入ってしまうかもしれない。
C　自分だけでなく、周りの人も汚れに気付くことができる。
T　工場の人だけでなく、買う人にとってよいことはありますか？　　3
C　きれいなものだと安心。
C　食べるものだから安心して買える。

2

本時のめあて

ラーメン工場ではたらく人は
どうして白い服をきているのだろう。

・1日に何度も手あらいを。
・おたがいに服のチェック。
・できたものも検査を。

3

よごれがすぐに
わかるように。

よごれをまわりの人も
気がつきやすい。

すぐにきがえられる。

買う人の安心のため

食べ物だから
きたないのはいや。

ほんの少しでも
よくない。

安心して
買えるように。

4　学習のまとめ

お客さんに安心してラーメン
を買ってもらうため。

まとめる　整理する・生かす

板書のポイント

服装以外にもある様々な衛生面の配慮を確かめ
ることで、学習のまとめへと向かうようにする。

T　ほかにも工場で衛生に気を付けていること
　はありましたか？　話し合ってみましょう。
C　何度も手洗いをしていた。
C　部屋に入る所にチェック表があった。
C　消毒を何度もしていた。
T　どうしてそこまでするのでしょうか？
C　食品は安全が大事なので細心の注意をはら
　うため。
T　白い服装を着る理由を自分の言葉でまとめ
　ましょう。　**4**

学習のまとめの例

〈ノートの記述例〉
・食べ物を作る工場では衛生面につ
　いて考えなくてはいけないので細かい
　ところまで気を付けています。
・服装に気を付けることは、安心して
　食べられるラーメン作りにつながり
　ます。
・食料品はおいしいだけでは買う人の
　ためになりません。安心して食べら
　れることが大事です。

調べる
情報を集める・読み取る・
考える・話し合う

ラーメン工場では
どうしてたくさん
の種類の麺を作っ
ているのだろう

本時の目標
ラーメン工場で多くの種類の麺を作っている
理由を考える活動を通して、買う人のニーズに
応じた製品を生産する工場で働く人の思いや工
夫を理解する。

本時の主な評価
消費者と生産者の立場に着目して、消費者の
願いに応える工場の工夫や努力について考え、
表現している【思①】

用意するもの
2種類の麺の実物、工場の製品

本時の展開 ▷▷▷

1

ラーメンの麺①　ラーメンの麺②

見た目　手ざわり　におい
長さや太さ

ほとんどかわらない。

つかむ　出合う・問いをもつ

板書のポイント
2種類の麺を比較し、その違いに着目させるこ
とで、本時の問いにつなげていく。

T　2つのラーメンの麺を比べてみましょ
　う。　　　　　　　　　　　　　　　　**1**
C　見た目ではよく分からない。
T　実はこの2つの麺は熟成期間に違いがあ
　ります。このようにこの工場ではラーメンの
　麺だけで100種類もの麺を作っています。
C　すごくたくさんの種類がある。でもどうし
　てだろう。
T　今日はこの理由について考えましょう。**2**
＊本時のめあてを板書する。

調べる　情報を集める・読み取る・考える・話し合う

板書のポイント
子供たちの意見を生産者の立場と消費者の立場
に分けて書くことで、たくさんの種類を作る理
由を関連付けて考えられるようにする。

T　買う人のことも考えて話し合いましょう。
　　　　　　　　　　　　　　　　　　　3
C　スープにあった麺を作ることで食べる人に
　喜んでもらうため。
C　少しでもおいしい麺を食べてほしいと思っ
　ているから。
C　好みに応じて麺を選べることでまた買おう
　と思うから。
C　たくさんの人においしいラーメンを買って
　喜んでほしいからだね。

2

本時のめあて

ラーメン工場ではどうしてたくさんの
しゅるいの麺をつくっているのだろう。

4

原料をはこぶ　いろいろな
けんきゅう

大きなきかい　パッケージも
ちがう

かんたんではない！

3

買ってほしい麺を
好きな麺を買いたい
おいしい麺を

・スープの味にあう麺を

・店オリジナルの麺を

・よりおいしい麺を

・好みに合う麺を

・いろいろな中から
　えらびたい。

・気分によって買う
　麺はちがう。

5 学習のまとめ

工場では買う人によろこんで
もらうためにたくさんのしゅ
るいの麺をつくっている。

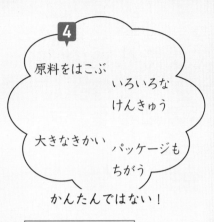

まとめる　整理する・生かす

板書のポイント

子供たちの考えを板書し、その中からキーワー
ドを見付けることで、本時のまとめに結び付け
るようにする。

T　麺の種類は簡単に増やせますか？　**4**

C　材料は外国からも運んでいるから、簡単に
　増やせるわけではないと思う。

C　工場では大きな機械を使っているから機械
　を新しくするのも簡単ではないかも。

C　買いたくなる麺でなくてはいけない。

C　様々な研究やちがうパッケージも必要だ。

T　今日の学習のまとめを書きましょう。　**5**

C　工場では買う人のことを考えて工夫して麺
　を作っているんだね。

学習のまとめの例

〈ノートの記述例〉

・ラーメン工場では、味や好みなど買
　う人のことを考えてたくさんの種類
　の麺を作っています。

・買う人に喜ばれる麺を作ることで、
　ラーメンは札幌を代表する食品と
　なっています。

・札幌のラーメンが有名なのは麺作り
　のおかげで、これまでもこのような
　工夫がされてきたからです。

第9時
101

まとめる
整理する・生かす

どうして時間をかけてまで札幌のラーメンを外国に運ぶのだろう

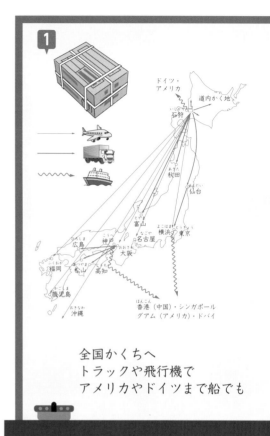

全国かくちへ
トラックや飛行機で
アメリカやドイツまで船でも

本時の目標

地図を活用して麺の行き先を調べる活動を通して、他地域とのつながりに気付き、札幌のラーメンは日本全国や外国で愛されていることを理解する。

本時の主な評価

できあがった麺の行方について地図を使って確かめ、ラーメン工場は製品の出荷を通して日本各地や外国ともつながりがあることを理解している【知①】

用意するもの

ラーメンの出荷先がわかる図、地図帳

本時の展開 ▷▷▷

つかむ　出合う・問いをもつ

板書のポイント

送り先の一覧を提示し、麺が運ばれる場所を確かめることで全国各地とのつながりに目を向けるようにする。

T　できあがったラーメンはどこまで運ばれるのでしょう。　**1**

C　全国各地へ運ばれている。

C　飛行機やトラックを使って運んでいる。

C　アメリカやドイツなどへも船で運ばれている。

C　ずいぶん遠いところまで運ばれている。**2**

＊本時のめあてを板書する。

調べる　情報を集める・読み取る・考える・話し合う

板書のポイント

外国まで運ぶ理由を話し合う際には、子供たちの意見を外国の人の立場と日本の人の立場に分けて書くようにする。

T　外国まで運ばれる理由を話し合いましょう。　**3**

C　外国でも札幌のラーメンが食べられると海外に住む日本人はうれしく思う。

C　外国の人にも札幌のラーメンはおいしいと分かってもらうとより人気が出る。

C　細かなところまで考えて作っている。世界にも自慢できる麺だから食べてほしい。

C　国内での人気が外国にも伝わっている。

T　多くの人に食べてもらいたいのですね。

2 本時のめあて

どうして時間をかけてまで札幌のラーメンを外国へ運ぶのだろう。

3

・もともと日本にいた人
にとってなつかしい味。

・外国ではなかなか
食べられない。

・ふるさとの味。

食べてほしい
おいしいラーメンを
食べたい

・自まんのラーメンだから。

・多くの人にたべてほしい。

・外国でも売れれば
売り上げアップ。

・もっと人気に。

4 学習のまとめ

札幌のおいしいラーメンは
全国の人や外国の人にも愛されている。

まとめる　整理する・生かす

板書のポイント

おいしいラーメンを「食べたい」「食べてほし
い」とキーワードにまとめることで、子供たち
からまとめの言葉を引き出せるようにする。

T　日本中の人に札幌のラーメンが愛されてい
るわけを考えましょう。

C　それだけおいしいラーメンだから。

C　多くの人が買えるように、いろいろな種類
の麺をたくさん作っているから。

C　全国各地で買えるように送り出されている
から。

T　人気のラーメンが身近な場所で作られてい
ることをどう思いますか。ノートに書きま
しょう。　**4**

学習のまとめの例

〈ノートの記述例〉

・ラーメンが札幌の特産品になってい
る理由が分かりました。自分たちの
自慢だと思います。

・ラーメンは世界にも自慢できる札幌
の代表だと分かりました。

・ラーメンの他の工場でも同じように
作っているのかを調べてみたいと思
いました。

まとめる
整理する・生かす

分かったことを
ラーメン新聞にま
とめよう

本時の目標
これまでの学習から分かったことを新聞にまとめる活動を通して、ラーメンを生産する仕事と自分たちの生活との関わりについて考える。

本時の主な評価
自分たちの生活との関わりを考えることを通して、地域の生産の仕事が自分たちの生活と密接に関わっていることを理解している【知②】／ラーメンの生産について調べたことを分類したり関連付けたりして新聞にまとめている【思②】

用意するもの
新聞用紙、必要な図や写真、グラフなど

---

1 本時のめあて

分かったことを
ラーメン新聞にまとめよう。

2

はじめて知ったことや
おどろいたことを大きくかこう。

字だけじゃなくて絵などもつかおう。

本時の展開 ▷▷▷

つかむ　出合う・問いをもつ

板書のポイント
新聞にまとめる用紙を黒板に貼り、これからのまとめ方にイメージがもてるようにする。

T　ラーメン工場について学習してきたことを、以下の点に気を付けながらラーメン新聞にまとめましょう。　**1**

＊書く内容の配分を考える。

＊調べて知ったこと、驚いたことを記事の中心にする。

C　原料が遠い外国からきていることに驚いた。

C　ラーメンの種類がとても多いことをはじめて知った。

C　衛生にすごく気を付けて生産していた。**2**

調べる　情報を集める・読み取る・考える・話し合う

板書のポイント
ラーメン工場でつくられる麺と自分たちの生活をつなげ、分かったことや驚いたことに自分の体験や家族に聞いたことも付け足すようにする。

T　おいしいラーメンがたくさん作られていることはみんなにとってどんなよいことがあるのでしょう。

C　スーパーに行くといろいろな麺が売られているから好みによって選べる。

C　家族の人数や味に合わせて麺を選ぶことができるからいい。

C　いつでも食べたいときに手に入るからいい。

C　札幌ラーメンが有名になるとうれしい。

3 特ダネを紹介しよう

※見出し1（1番伝えたいこと）	
※見出し1に関係する絵	題名は自分で考える

新聞

※見出し2（次に伝えたいこと）	三年　組　名前
学習のまとめ　　※見出し2に関係する絵	

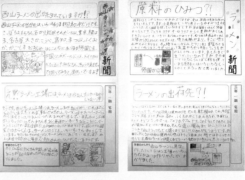

工場でしらべたことが
イラストでかかれている。

家ぞくにインタビュー
したことがかかれている。

まとめる　整理する・生かす

板書のポイント

いくつかの作品を黒板に貼り、自分で紹介させることで、地域の生産と自分たちの生活との関わりを確かめ合い、学習の成果を共有させる。

T　新聞に書いた特ダネを紹介してみましょう。　3

C　私はたくさんある麺の種類についてまとめました。それだけ多くの機械や手順があることに驚いた。

C　スーパーに行くとたくさんの麺が売っているので、身近にラーメン工場があるからこんなに多くの商品があるのだと思った。

T　新聞の社説にこの学習を通して考えたことを書きましょう。

学習のまとめの例

〈新聞の社説の記述例〉

・身近な地域にラーメン工場があることは自分や家族にとってだけでなく札幌市のためにもなっています。

・スーパーでよく見かけるラーメンにはたくさんの工夫や努力が詰まっている。だから私たちがおいしく食べることができます。

・札幌のラーメンは味だけでなく様々な理由から日本全国からも世界からも愛されていて、私たちのほこりでもあります。

2 【11時間】 スーパーマーケットではたらく人

単元の目標

地域に見られる販売の仕事について、消費者の願い、販売の仕方、他地域や外国との関わりなどに着目して、見学・調査したり地図などの資料で調べたりして、白地図や新聞などにまとめ、販売に携わっている人々の仕事の工夫を分類したり、消費者の願いと関連付けたりして考え、販売の仕事は消費者の多様な願いを踏まえ売り上げを高めるよう、工夫して行われていることを理解できるようにするとともに、主体的に学習問題を解決しようとする態度を養う。

学習指導要領との関連 内容(2)「地域に見られる生産や販売の仕事について」アの(イ)(ウ)及びイの(イ)

第1〜3時	第4〜6時
つかむ「出合う・問いをもつ」	調べる
〔第1時〕 ○自分たちの住む地域には、どんなお店があるのだろう。　　　　　　　　　　【知①】 ・どこにどのような商店があるのかを探す。 ・家族が買い物に行った商店や買った品物をカードに記録する計画を立てる。 ★商店の分布に着目する。 〔第2時〕 ○わたしたちは、どこでどんな買い物をしているのだろう。　　　　　　　　　【思①】 ・商店の分布や多くの人が行った商店を地図に表し、気付いたことや疑問を話し合う。 〔第3時〕 ○スーパーマーケットの折込広告に着目し、学習問題を考えよう。　　　　　　　【主①】 【学習問題】 　スーパーマーケットでは、お客さんを増やしたり、売り上げを高めたりするために、どのような工夫をしているのだろう。 ○見学の計画を立てる。 ・予想を基に見学の観点を決める。	〔第4・5時〕 ○スーパーマーケットの売り場や働く人の様子はどうなっているのだろう。　　　【知①】 ・スーパーマーケットの売り場を見学し、売り場の様子や工夫についてわかったことを見学カードに書く。 ・スーパーマーケットではたらく人に質問したことをカードに記録する。 ★販売の仕方などに着目する。 〔第6時〕 ○働く人は、たくさん買ってもらうためにどんな工夫をしているのだろう。　　　【思②】 ・スーパーマーケットで働く人たちが、それぞれのどのような仕事の工夫をしていたかをカードを分類して確かめ合う。 ・スーパーマーケットの商品、設備、働く人の様子などに目を向けて、お客さんを増やしたり、売り上げを高めるためにどのような工夫がされていたのかを考えて話し合う。 ★販売の仕方に着目する。 ★販売の工夫を分類して考える。

単元の内容

学習問題を考える際には、販売の仕事には様々な工夫があること、消費者は願いや目的をもって買い物をしていることを捉える必要がある。そこで買い物調べでは、買い物をした回数をグラフ化し、スーパーマーケットの集客や利便性に目を向けることができるようにする。販売する側の工夫が集客に結び付いていることが推察できるよう、子供の生活経験や折込広告の

情報を活用する。見学においては、働く人、商品、設備などの視点を明確にし、見学カード等に発見した工夫を記録をする。それぞれの工夫には目的や理由があることを捉えることで、販売の仕事は消費者の願いに応え、売り上げを高めるために工夫されていることを理解できるようにする。まとめでは、販売の工夫と消費者の願いを関連付け、整理する活動を行う。

単元の評価

知識・技能	思考・判断・表現	主体的に学習に取り組む態度
①消費者の願い、販売の仕方、他地域や外国との関わりなどについて、見学・調査したり地図などの資料で調べて、必要な情報を集め、読み取り、販売に携わっている人々の仕事の様子を理解している。 ②調べたことを白地図、文や新聞などにまとめ、販売の仕事は消費者の多様な願いを踏まえ、売り上げを高めるよう工夫して行われていることを理解している。	①消費者の願い、販売の仕方、他地域や外国との関わりなどに着目して、問いを見いだし、販売に携わっている人々の仕事の様子について考え、表現している。 ②調べたことをもとに、比較・分類したり関連付けたりして、販売の仕事に見られる工夫を考え、地図、文や新聞などにまとめたことを基に説明している。	①地域に見られる販売の仕事について、予想や学習計画を立てたり学習を振り返ったりして、学習問題を追究し、解決しようとしている。

【知】：知識・技能　【思】：思考・判断・表現　【主】：主体的に学習に取り組む態度　○：めあて　・：学習活動　★：見方・考え方

第7・8時	第9〜11時
「情報を集める・読み取る・考える・話し合う」	まとめる「整理する・生かす」
〔第7時〕 ○品物は、どこから運ばれてくるのだろう。【知①】 ・スーパーマーケットの商品の産地を調べ、白地図に位置付けて整理する。 ・外国の名称や位置、国旗などを地図帳で確かめ、白地図に加筆する。 ・白地図を見て気付いたことを話し合う。 ★他地域や外国との関わりに着目する。 〔第8時〕 ○なぜ品物を売る以外の取組を行っているのだろう。【知①】 ・スーパーマーケットでは、牛乳パックやペットボトルの回収など、販売以外の取組を行っていることを知る。 ・資源の回収をスーパーマーケットが行うことで、地域貢献や消費者も利用しやすいお店づくりを行っていることに気付く。 ★スーパーマーケットの働きに着目する。	〔第9時〕 ○お客さんの声をお店づくりにどのように生かしているのだろう。【思②】 ・お客さんや家の人が買い物で気を付けていることを、聞き取りを通して調べる。 ・買い物客の願いについて商店はどのように対応しているのかを、店長に手紙で聞き取り調査し、たくさんのお客さんが利用する理由を考え、ノートにまとめる。 ★消費者の願いと販売の仕事の工夫を関連付けて考える。 〔第10・11時〕 ○働く人の工夫をかべ新聞にまとめて伝えよう。【知②・思②】 ・調べたことを「お客さんの願いや思い」「はたらく人の仕事」「商店の工夫」「スーパーマーケットの取組」の項目に整理して、記事にしてまとめる。 ・かべ新聞を基に学習問題に対する自分の考えをまとめて、お互いに伝え合う。

問題解決的な学習展開の工夫

　「つかむ」段階では、買い物調べカードを用い、普段の生活における買い物の様子を捉えることができるようにする。学習問題を考える際には、折込広告を活用することで、子供の関心を高め、値段の設定や他地域からの仕入れなど販売者の工夫に着目し、学習問題の設定を行う。

　「調べる」段階では、身近な地域の商店を取りあげて見学・調査を行うようにする。商店への

見学を行う際には、質問事項や見学の視点を明確にして取り組む必要がある。単元の目標の着目点に即して、売り場の様子やはたらく人の工夫など販売の仕方に目を向け、他地域や外国との関わり、消費者の願いについて調べていく。

　「まとめる」では、見学・調査を通して調べたことを生かし、学習問題に対する自分の考えをもてるよう、グループでかべ新聞を作成する。

自分たちの住む地域には、どんなお店があるのだろう

本時の目標

地域の商店を白地図上に位置付ける活動を通して、自分たちの住む地域には、様々な商店があることを理解する。

本時の主な評価

地域の商店の分布について調べ、地図で商店の位置を確かめ合う活動を通して、地域には様々な商店があることを理解している【知①】

用意するもの

まち探検等で使用した学区域地図、地域にある商店の外観写真、お店調べのアンケート用紙

1

どこでどんな買い物をしたか。
・コンビニでジュース
　→家の近く。
・スーパーマーケットで夜ごはんの食材を買った。
　→いつも家族で行く。

本時の展開 ▷▷▷

つかむ	出合う・問いをもつ

板書のポイント

該当する商店の写真資料を見せ、学区域地図に位置付けることで、地域にあるお店を探す活動に意欲的に取り組むことができるようにする。

T　最近どこでどんな買い物をしましたか？ **1**
C　コンビニでジュースを買った。
T　どこのコンビニですか？
C　自分の家の近く。
T　自分たちが買い物しているお店がまだまだありそうですね。 **2**
＊本時のめあてを板書する。
T　自分たちの地域にはどんなお店があるのか調べていきましょう。

調べる	情報を集める・読み取る・考える・話し合う

板書のポイント

小集団のグループを組み、地図上に商店を付け加えて位置付ける作業を行う。自分たちの経験を基に地図を活用した話し合いができるようにする。

T　どこにどんなお店があるのか、グループで調べて、白地図に書きましょう。 **3**
C　駅の近くにスーパーマーケットがある。
C　八百屋さんや魚屋さんもあった。
C　最近できた薬局が学校の近くにある。
T　お店がある場所の様子など、気付いたことを書きましょう。 **4**
C　大きい通りにお店が並んでいる。
C　駅の近くなど、人通りの多いところにお店がある。

2

> 本時のめあて

自分たちの住む地域には、
どんなお店があるのだろう。

> よそう

・スーパーマーケットがある。
・駅前にコンビニがある。

3

> 分かったこと

・駅近くのスーパーマーケット
・学校近くのスーパーマーケット
・薬局　・コンビニエンスストア
・八百屋さん　・魚屋さん

4

> 話し合って考えたこと

どこにどんなお店がある？
・大きい通りにお店がある。
・駅の近くなど、人通りが多いところ。

5

どんな物を買う？
・コンビニで飲み物やお菓子
・本屋さんで本
・スーパーマーケットで食材

6

> 学習のまとめとふりかえり

・自分たちの住む地域には、スーパーマーケ
　ットや専門店などがある。
・それぞれのお店でどんな物を買っているか
　くわしくしらべたい。

まとめる　整理する・生かす

板書のポイント

商店の様子や利用した目的などを板書する。買
い物や行く頻度を尋ね、商店ごとに利用目的が
異なることに気付くことができるようにする。

T　みなさんや、みなさんの家族は、どんな物
　をどのお店で買いますか？　🔲5
C　飲み物やお菓子をコンビニで買う。
C　駅前の本屋さんで本を買った。
C　家族の食べ物はスーパーマーケットで買う。
T　本屋さんのように特定の物を中心に売るお
　店を専門店と言います。八百屋さんや魚屋さ
　んもそうです。では、次回は自分のおうちで
　は、どこでどんな物を購入しているか、アン
　ケートを取って調べてみましょう。　🔲6

> **学習のまとめの例**

〈ノートの記述例〉
●学習のまとめ
・駅前など人通りの多いところには、
　たくさんのお店がならんでいること
　が分かりました。学校の近くには、
　スーパーマーケットがありました。

●振り返り
・自分がよく行くお店と友達が行くお
　店がちがいました。アンケートを
　とって、みんながそれぞれのお店で
　どんな物を買っているのかが知りた
　いです。

つかむ
出合う・問いをもつ

わたしたちは、どこでどんな買い物をしているのだろう

本時の目標
商店の種類や行った回数、買った品物に着目して買い物調べカードを集計し、気付いたことを話し合い、疑問をもつ。

本時の主な評価
地域に見られる販売の仕事について、消費者の願いやお店の種類に着目して、問いを見いだしている【思①】

用意するもの
アンケート用紙の拡大版、「よく行くお店」の集計用グラフ

ワークシート

買い物調べ

	／（　）時ころ	／（　）時ころ	／（　）時ころ	／（　）時ころ	／（　）時ころ	／（　）時ころ
行ったお店						
買った物	野菜・お肉・魚飲み物・おそうざい（　）	野菜・お肉・魚飲み物・おそうざい（　）	野菜・お肉・魚飲み物・おそうざい（　）	野菜・お肉・魚飲み物・おそうざい（　）	野菜・お肉・魚飲み物・おそうざい（　）	野菜・お肉・魚飲み物・おそうざい（　）

買い物をしたお店で気に入っているところ

買い物で気を付けていること

1

ぎもん

・どのお店がたくさん利用されているのだろう。
・それぞれのお店でどんなものを買っているのか知りたい。

本時の展開 ▷▷▷

つかむ　出合う・問いをもつ

板書のポイント
事前に家庭に協力を依頼して、買い物のアンケートを取る。個人の経験だけでなく、たくさん利用されているお店はどこか関心をもたせる。

T　前回のアンケート結果を集計してみましょう。一番多く買い物をしているお店はどこだと思いますか？
C　スーパーマーケットが多いと思う。　
C　最近はネット通販も増えているのではないかな。
＊本時のめあてを板書する。
T　では、家族が買い物に使ったお店をグラフにしてみましょう。
C　一人一人がシールを貼ってみよう。　**2**

調べる　情報を集める・読み取る・考える・話し合う

板書のポイント
利用したお店を集計したグラフを提示する。お店選びや利用目的など、消費者の願いにつながる発問を投げかけ、考えが広がるようにする。

T　どのようなことが分かりますか？　
C　スーパーマーケットはたくさんの家が使う。
C　色々なところで買い物をしているけれど、スーパーマーケットを使う家が多い。
T　買い物をするのにどうやってお店を選んでいるのかな？　**4**
C　毎日の食材はスーパーマーケットで買う。
C　たくさん買い物があるときは安いお店で買う。
C　家から近いお店を選んでいるのでは？

2

本時のめあて

わたしたちは、どこでどんな買い物をしているのだろう。

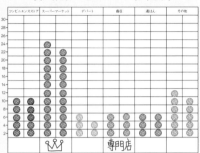

買い物調べ　まとめグラフ (3年3組)

3

分かったこと

・スーパーマーケットが多い。
・いろいろなお店が利用されている。

4

話し合って考えたこと

買い物をするお店のえらび方
・ごはんなどの食材はスーパーマーケットで買う。
・安いお店をえらんでいる。
・家から近いお店で買う。

5

ふりかえり

・クラスのおうちでは、いろいろなお店が買い物で利用されている。
・たくさんのお店の中で、スーパーマーケットを利用する家が多かった。
〈ぎ問・しらべたいこと〉
・なぜスーパーマーケットは人気なのか。
・お客さんが来る工夫はあるのか。

まとめる　整理する・生かす

板書のポイント
「利用する人が多い」「人気がある」「安くて便利なお店」などに目を向けた子供の発言を大切にして板書する。

T　これまで地図やアンケートを見てきました。疑問に思ったことや調べてみたいことをノートに書いてみましょう。　5

C　なぜスーパーマーケットは人気なのか。

C　たくさんのお客さんが来る工夫は何か。

C　どうしてスーパーマーケットを選んで買い物をしているのだろうか。

C　スーパーにはお客がたくさん来るひみつがある。

C　スーパーのことをくわしく知りたい。

学習のまとめの例

〈ノートの記述例〉

・たくさんのお店が利用されている中で、クラスのほとんどの家がスーパーマーケットを利用していました。これだけ多くの家がスーパーマーケットに行く理由が知りたいと思いました。

・わたしの家族は、夕ごはんの食材を買うためには、コンビニエンスストアよりも安くて便利なスーパーマーケットに行くと言っていました。専門店もあるのに、スーパーマーケットに行くのは安いだけでなく、何か工夫があるからだと思います。

スーパーマーケットの折込広告に着目し、学習問題を考えよう

本時の目標

スーパーマーケットの折込広告に着目し、商店にたくさんのお客さんが来たり、商店が売り上げを高めたりする仕組みについて問いをもち、学習問題や学習計画を立てる。

本時の主な評価

地域に見られる販売の仕事について学習問題を設定し、予想や学習計画を立て、学習問題を追究しようとしている【主①】

用意するもの

折込広告、見学可能なスーパーマーケットの外観写真

本時の展開 ▷▷▷▷

つかむ　出合う・問いをもつ

板書のポイント

折込広告には、お店の注目商品や値段、産地など多くの情報が含まれている。そこで、お店の集客や販売の工夫に目が向くように板書する。

T　スーパーマーケットは、「折込広告」といってチラシを配っています。どうしてわざわざ配ると思いますか？ ■1

C　何が安いかなど、商品のことを知ってもらうため。

C　自分のお店の宣伝のため。

C　たくさんのお客さんに来てもらうため。

C　お母さんもチラシを見て買い物に行く。

T　お客さんに来てもらったり、商品を買ってもらったりするための工夫なんですね。 ■2

調べる　情報を集める・読み取る・考える・話し合う

板書のポイント

学習問題を設定するにあたって、お店にお客さんが来る理由、商品を売る工夫に対する子供の疑問を焦点化して板書する。

T　スーパーマーケットについて、調べてみたいことを出し合い、学習問題を考えてみましょう。 ■3

C　どうしてスーパーマーケットにはお客さんがたくさん来るのか。

C　たくさんの商品を売るために、どんな工夫をしているのか。

C　なぜスーパーマーケットは人気なのか。

＊学習問題を板書する。

スーパーマーケットの折込広告に着目し、学習問題を考えよう。

3

話し合って、考えたこと

・どうしてスーパーマーケットには、たくさんのお客さんが来るのか。
・たくさんの商品を売るためにどんな工夫をしているのか。
・スーパーマーケットではお客さんのためにどんな仕事をしているのか。

学習問題

スーパーマーケットでは、お客さんを増やしたり、売り上げを高めたりするために、どのような工夫をしているのだろう。

4

よそう

・せん伝をしている。
・お客さんのほしい品物をそろえる。
・安売りや値引きをしてお客さんによろこんでもらうようにしている。

5

学習計画

・スーパーマーケットに見学に行く。
・売り場や店員さんの仕事を調べる。
・店長さんなどに工夫などをインタビューする。

まとめる　整理する・生かす

板書のポイント

生活経験から予想が出しやすいことが想定される。「予想を確かめるには？」と問いかけ、調べる見通しをもたせる板書をする。

T　学習問題に対する自分の予想を立てましょう。予想をもとに学習計画を立てます。 4
C　折込広告の宣伝でお客さんを集めている。
C　お客さんがほしい商品をそろえている。
C　他のお店よりも色々な種類の商品を置いたり、値段を安くしたりして売っている。
T　みなさんの予想を確かめるために、どのようにして調べるといいですか？ 5
C　見学に行って、お店の工夫を探す。
C　店員さんにインタビューをして聞いてみる。

学習のまとめの例

〈ノートの記述例〉

・スーパーマーケットでは、チラシを配って自分のお店を知ってもらったり、お客さんがよろこぶことをして、また来てもらえるようにしたりしていると思います。たくさんのお客さんが来るには、何か理由や工夫があると思うから、それを調べていきたいです。

・スーパーマーケットは安くて便利だと家族が言っていたけれど、どんなところが便利なのか知りたいです。お客さんが品物を買いたくなるような工夫をしているのかなと思いました。

調べる
情報を集める・読み取る・
考える・話し合う

スーパーマーケットの売り場や働く人の様子はどうなっているのだろう

本時の目標
スーパーマーケットの売り場の様子や働く人に着目して見学・調査し、様々な販売の工夫を捉える。

本時の主な評価
販売の仕方について見学・調査して情報を集め、販売に携わっている人々の仕事の様子を理解している【知①】

用意するもの
見学ワークシート、店内のマップ、発見した工夫を記入するカード

本時の展開 ▷▷▷

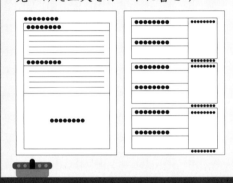

1 **本時のめあて**
スーパーマーケットの売り場や働く人の様子はどうなっているのだろう。見学して調べよう！

2 **気づいたこと**
見つけた工夫をカードに書こう

つかむ　出合う・問いをもつ

板書のポイント〈第4時〉
調べることを共通理解し、見学の視点をもって取り組むことができるようにする。
事前に疑問や質問を用意して見学する。

T　お店の人の仕事の様子や商品の置いてある棚、お店のつくりなどに注目して調べてみましょう。　1

＊本時のめあてを板書する。

C　商品はたくさんあるけれど、何種類くらいあるのかな。

C　1日に何人のお客さんが来るのだろう。

C　折込広告以外にも、お客さんを呼ぶ工夫をしているはずだ。

C　スーパーマーケットに行けば分かるはず。

調べる　情報を集める・読み取る・考える・話し合う

板書のポイント〈第5時〉
売り場を見学して気付いたことをメモしたワークシートをもとに、販売の工夫だと考えたことをカードに記入する。

T　スーパーマーケットの売り場を見学して気付いたことをカードに書いてみましょう。　2

C　種類ごとに商品が並べられている。

C　よく買う物は入り口のすぐ近くにある。

C　お魚やお肉は切り分けて売られていたし、お惣菜など調理されているものもあった。

C　表示や看板などで商品がある場所が分かりやすい。

C　タイムセールなど、安売りをしている。

C　商品の並び順に意味はあるのかな。

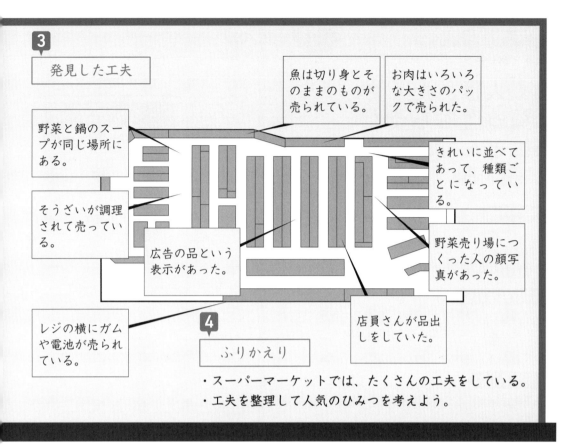

3 発見した工夫

魚は切り身とそのままのものが売られている。

お肉はいろいろな大きさのパックで売られた。

野菜と鍋のスープが同じ場所にある。

きれいに並べてあって、種類ごとになっている。

そうざいが調理されて売っている。

広告の品という表示があった。

野菜売り場につくった人の顔写真があった。

レジの横にガムや電池が売られている。

4 ふりかえり

店員さんが品出しをしていた。

・スーパーマーケットでは、たくさんの工夫をしている。
・工夫を整理して人気のひみつを考えよう。

まとめる　整理する・生かす

板書のポイント〈第5時〉

店内のマップを黒板に貼り、発見した工夫がどの場所なのかを確認しながらカードを貼っていく。

T　見付けてきた工夫はお店のどの場所ですか？　カードを貼りましょう。　**3**

C　品ぞろえが多ければ、お客さんも自分の好きなものを選ぶことができる。

C　きれいに陳列されていたり、産地が分かる商品は、買う人も安心できる。

C　買う人の好みに合わせて商品を加工したり、店内にいくつも種類を用意したりしている。

T　今日分かったことと次にやることを書きましょう。　**4**

学習のまとめの例

〈ノートの記述例〉

・スーパーマーケットに行ってみて、たくさんの工夫があることが分かりました。それは、商品をしゅるいごとにならべたり、表示やかん板をつくって、お客さんに分かりやすいようにしていることです。店長さんの話から、仕事は分たんして行っていることも分かりました。

・にているカードがたくさんあったので、もっと整理して、スーパーマーケットにたくさん人が来る理由を考えてみたいです。

調べる
情報を集める・読み取る・
考える・話し合う

働く人は、たくさん買ってもらうためにどんな工夫をしているのだろう

本時の目標
カードを使って販売の工夫について分類したり、共通点を見いだしたりして、スーパーマーケットの販売の工夫を理解する。

本時の主な評価
販売の仕方に着目して、見学・調査して調べたことを分類し、販売の工夫について考えたことを説明している【思②】

用意するもの
見学時に撮った工夫が分かる資料、お店の工夫を書いたカード

本時の展開 ▷▷▷

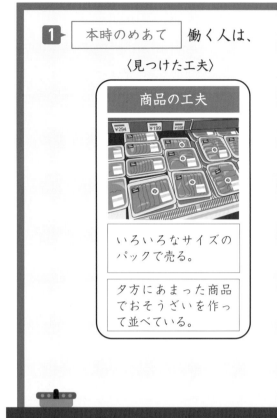

1 本時のめあて　働く人は、

〈見つけた工夫〉

商品の工夫

いろいろなサイズのパックで売る。

夕方にあまった商品でおそうざいを作って並べている。

つかむ　出合う・問いをもつ

板書のポイント
前時までの学習を受けて、児童それぞれが調べてきた販売の仕方の工夫について共有することをめあてとする。

T　スーパーマーケットで見学したことを整理していきましょう。　**1**

＊本時のめあてを板書する。

C　店内の商品に工夫があった。

T　どんな工夫でしたか？

C　お店でお惣菜を作っていた。一人暮らしの人も買いやすいし、出来立てを食べられる。

C　お魚やお肉は色々な量のパックで売っていた。

調べる　情報を集める・読み取る・考える・話し合う

板書のポイント
カードを黒板に貼り、動かしながら分類する。
分類した工夫の内容に合わせた写真でイメージを共有しタイトルを考え話し合う。

T　カードを分類して何が分かりましたか？

C　地元産の野菜のコーナーがある。　**2**

C　看板で見やすくなっている。

T　何のためにそうしているのでしょう。

C　お客さんの買いたい商品を分かりやすくする。

T　それらはどんな工夫なのでしょう。　**3**

C　買いやすい「売り場」の工夫だと思う。

T　ほかの工夫も同じようにタイトルを考えましょう。

たくさん買ってもらうためにどんな工夫をしているのだろう。

売り場の工夫

かん板で見やすくする。

地元産の野菜コーナーがある。

はたらく人の工夫

仕事を分たんしている。

バックヤードで荷物の管理や調理をする。

そのほかの工夫

3

値引きや安売りをする。

リサイクルコーナーを作っている。

4 学習のまとめ

スーパーマーケットでは、商品をたくさん買ってもらったり、お客さんがまた来たいと思ったりするよう、たくさんの工夫をして仕事をしている。

まとめる　整理する・生かす

板書のポイント

本時の学習のまとめの記述に生かすことができるよう、たくさんの工夫がなぜお客さんのためになるかを問い、子供の発言を板書する。

T　売り場の様子や働く人の仕事にはたくさんの工夫がありました。その工夫をすると、どうしてお客さんのためになるのかを考えてみましょう。　4

C　品ぞろえが多ければ、お客さんも自分の好きなものを選ぶことができる。

C　きれいに陳列されていたり、産地が分かる商品は、買う人も安心できる。

C　買う人の好みに合わせて商品を加工したり、店内にいくつも種類を用意したりしている。

学習のまとめの例

〈ノートの記述例〉

・スーパーマーケットでは、商品やお店のつくりで工夫をしていました。たとえば、そうざいを調理して作って、一人暮らしの人も買いやすいようにしたり、お魚やお肉もいろいろな量をそろえて、買う人のことを考えて売る工夫がありました。

・スーパーマーケットは、バックヤードで品物を管理したり、レジをうつ人がいたり仕事をぶんたんしていました。商品をきれいにならべて、お客さんがまた来たいと思う工夫をしていると思いました。

調べる

情報を集める・読み取る・
考える・話し合う

品物は、どこから運ばれてくるのだろう

本時の目標

商品の仕入れ先について地図帳を活用して調べ、国内や外国から届けられていることを白地図などにまとめ、他地域や外国と広く関わっていることを理解する。

本時の主な評価

他地域や外国との関わりについて地図などの資料で調べ、販売に携わっている人々の仕事と他地域や外国とのつながりがあることを理解している【知①】

用意するもの

折込広告、商品のラベルの写真や段ボール箱などの表示、地図帳

本時の展開 ▷▷▷

1 ぎもん

・スーパーマーケットには、どれだけの商品があるのか。
・スーパーマーケットの商品はどこからやってくるのか。

よそう

・日本中から品物が運ばれてくる。
・外国から来るものもある。

つかむ　出合う・問いをもつ

板書のポイント

肉・野菜・果物など産地調べができる商品に限定するなど、提示の仕方を工夫をする。地図を出すことで本時のめあてを明確にする。

T　今日は、折込広告を使って、商品の産地を調べてみましょう。　**1**
C　日本中から商品が届けられていると思う。
C　国産のものも多いけれど、外国産のものもあった。

＊本時のめあてを板書する。

T　折込広告で産地が載っているものを切り取り、日本地図や世界地図に貼りましょう。
C　日本だけでなく外国の商品もたくさんあるぞ。

調べる　情報を集める・読み取る・考える・話し合う

板書のポイント

グループで作業するなど活動を工夫しながら、外国については地図帳を活用して確かめ、板書にも商品を地図上に配置して共有する。

T　何か気付いたことはありますか？　**2**
C　野菜などは国産のものが多かった。
C　お肉は国産と外国産の両方があった。
C　果物は外国産が多い。
T　品物は、どうやって運んでくると思いますか？　**3**
C　日本国内の場合は、車を使うと思う。
C　店の裏側にトラックが止まっていた。
C　海外から来ているということは、飛行機や船を使っているようだ。

スーパーマーケットではたらく人
118

本時のめあて

品物は、どこから運ばれてくるのだろう。

2

分かったこと

世界中から品物が届く

バナナ
（フィリピン）

リンゴ
（青森）

レタス
（長野）

小麦
（アメリカ）

牛肉
（鹿児島）

3

話し合って考えたこと

・野菜などは国産が多い。
・果物は国産も外国産も多かった。
・お肉などは国産と外国産でねだんがちがった。
・トラックで運ばれたり、外国産のものは飛行機や船も使われたりしていると思う。
・日本だけでなく、世界中から品物がとどく。

4

学習のまとめ

ふだん食べているスーパーマーケットの品物は、日本だけでなく、世界中からもとどけられている。

まとめる　整理する・生かす

板書のポイント

品物がどのように運ばれてくるかなど、問い返しながら、他地域や外国とのつながりに気付くことができるよう子供の発言を板書する。

T　できあがった品物のふるさと地図や話し合ったことをもとにまとめをノートに書きましょう。 4

C　スーパーマーケットの品物は、日本各地から届けられている。

C　外国産がたくさんあってびっくりした。

C　国産と外国産で値段が違うので、お客さんも自分で買いたいほうを選ぶことができる。

C　日本だけでなく、世界中からも自分たちの食べている品物が届けられている。

学習のまとめの例

〈ノートの記述例〉

・スーパーマーケットの品物は、北海道から沖縄まで全国各地から来ていることが分かりました。また外国産の商品もあったので、世界中から品物がとどいていることが分かりました。

・これだけたくさんの商品があると、お客さんも好きなものをえらぶことができると思いました。日本だけじゃなく、世界中から品物がはこばれていることにおどろきました。

調べる
情報を集める・読み取る・
考える・話し合う

なぜ品物を売る以外の取組を行っているのだろう

スーパーマーケットの販売以外の取組について調べ、地域の中の商店としての役割を果たし、地域からの信頼をえる工夫や努力について考える。

本時の主な評価

売り方以外のスーパーマーケットの工夫を調べ、販売に携わる人は地域のお客に信頼されるお店づくりに努めていることを理解している【知①】

用意するもの

リサイクルコーナー、レジ袋不使用の札、専用駐車場マーク、車イス貸し出しの写真、店長さんの話（抜粋した要点のみ）

本時の展開 ▷▷▷

1 リサイクルコーナー

気づいたこと

・牛乳パックやペットボトルを集めている。
・お肉などのトレー
・リサイクルコーナーでゴミを分別できる。

ぎもん

・なぜスーパーマーケットにリサイクルコーナーがあるのか。
・他にも取組はあるのか。

つかむ　出合う・問いをもつ

板書のポイント

リサイクルコーナーの写真資料を提示することで、販売や売り上げとは直接関係のない取組をしていることに気付くことができるようにする。

T　スーパーマーケットの入り口にあったリサイクルコーナーの写真を見てください。**1**
C　牛乳パックやペットボトルを集めている。
C　お肉などのトレーも入れられる。
C　なぜスーパーマーケットが集めるのかな。**2**

＊本時のめあてを板書する。

T　予想を立ててから、調べてみましょう。

調べる　情報を集める・読み取る・考える・話し合う

板書のポイント

写真から分かることに加えて、なぜそれらの取組を行っているかについて話し合い、子供の発言を板書していく。

T　３枚の写真から何が分かりますか？
C　レジ袋を使わず、ゴミを出さないようにしている。
C　車イスの貸し出しをしている。
C　老人や障害のある方専用の駐車場がある。
T　なぜ、このような取組をするのでしょう。
C　環境のことを考えている。
C　お客さんがリサイクルができて、またお店を利用しようと思う。
C　誰でも利用しやすいお店づくりをしている。

2 本時のめあて

なぜ品物を売る以外の取組を
行っているのだろう。

よそう

・リサイクルコーナーをつくることで、
　買い物のついでにすてることができる。

3 分かったこと

・レジぶくろを出さない
　ようにしている。

・老人やしょうがいのあ
　る方も利用しやすい
　ちゅう車場

・車いすの貸し出しがあ
　れば、どんな人でも安
　心して利用できる。

学習のまとめ

・スーパーマーケットでは、かんきょ
　うや地いきのことを考えた取組を
　することでお客さんに信頼される
　よう努力している。

4

どなたでも利用しやすい
ようにしています。わた
したちは、地域こうけん
することを大切にしてい
ます。

まとめる　整理する・生かす

板書のポイント

店長の話を提示することで、環境を守ることや
地域貢献をしていることに気付き、学習のまと
めの記述に生かすことができるようにする。

T　店長さんの話をもとに、スーパーマーケッ
　　トの取組についてまとめましょう。　**4**

C　リサイクルコーナーを置いたり、レジ袋を
　　減らしたりすることで、環境を守っている。

C　どんな人でも利用しやすい工夫が行われて
　　いる。

C　「地域貢献」をすることで、地域に住む人
　　から信頼される店づくりを行っている。

C　これも繰り返しお客さんにきてもらう工夫
　　だと思う。

学習のまとめの例

〈ノートの記述例〉

・スーパーマーケットでは、商品を売
　るだけでなく、かんきょうや地いき
　のことを考えた取組をしています。
　たとえば、レジぶくろを使わずに買
　い物をしてもらったり、リサイクル
　コーナーをつくって、しげんを大切
　にしていました。

・リサイクルコーナーがあると買い物
　といっしょにすてることができてい
　いなと思いました。しょうがいのあ
　る方のちゅう車場や車イスなど、だ
　れでも利用しやすくて、安心できる
　お店づくりをしていました。

まとめる
整理する・生かす

お客さんの声をお店づくりにどのように生かしているのだろう

お客様の声コーナー

本時の目標

商店で働く人は、消費者の願いに応じた販売の工夫をしていることについて考える。

本時の主な評価

お客の願いと販売の仕事の工夫を関連付けて、消費者の多様な願いを踏まえて売り上げを高める販売の工夫について考え、適切に表現している【思②】

用意するもの

お客様の声コーナーの写真資料、お客さんのイラスト、商店の写真

1 気づいたこと

なぜこのようなコーナーがある？
・お店をよりよく。
・お客さんに合ったサービス。

よそう

・お客さんの意見を取り入れている。
・ほしい商品などを聞いて、品ぞろえをよくしている。

本時の展開 ▷▷▷

つかむ　出合う・問いをもつ

板書のポイント

「お客様の声コーナー」を提示して、スーパーマーケットの工夫は消費者の願いとつながりがあることに気付くことができるようにする。

T　店内にある「お客様の声コーナー」の写真資料です。なぜ、このようなコーナーがあるのでしょう。　①

C　お客さんの意見を聞いて、お店のよりよくしようとしている。

C　お客さんに合ったサービスをするため。

＊本時のめあてを板書する。　②

調べる　情報を集める・読み取る・考える・話し合う

板書のポイント

第 2 時で用いたアンケートを活用し、お客さんが気を付けていることとお店の工夫が関連付けられるよう対比的に板書する。

T　おうちのほうが買い物で気を付けていることと自分たちが調べたお店の工夫を見比べてみましょう。

C　新鮮な商品を並べたり、賞味期限などを分かりやすく表示したりしている。　

C　スーパーマーケットは品ぞろえや種類がたくさんあるから、まとめ買いができる。

T　お客さんの願いと工夫がつながっていますね。お店にとってどんなよさが生まれるでしょう。　④

２

| 本時のめあて | お客さんの声をお店づくりにどのように生かしているのだろう。 |

３ 分かったこと

お客さんのねがい →

← お店の工夫

〈買い物で気をつけること〉
・しょうみきげんを見る。
・まとめ買いをする。
・できるだけ安いものをえらぶ。

〈お店の工夫や店長さんの話〉
・新せんなものを出す。
・品ぞろえ、ちん列の工夫
・値引きをする。

４

たくさんの人が買い物をするようになる。
だから、お店の売り上げが高くなる。

５

| 学習のまとめ | スーパーマーケットでは、お客さんのねがいにこたえながら、便利で利用しやすいお店づくりをしている。 |

まとめる　整理する・生かす

板書のポイント
学習問題に対する自分の考えに生かせるよう「なぜ多くの人が利用するのか」子供の意見を板書し、学習のまとめとして記述する。

Ｔ　今日の学習のまとめとして、スーパーマーケットをたくさんのお客さんが利用するのはなぜなのか、自分の考えを書いてみましょう。　**５**

Ｃ　お客さんの要望や願いに応えているから、お客さんが何度も利用している。

Ｃ　お客さんのことを考え、どんな人でも利用しやすいお店づくりをしている。

Ｃ　お客さんの気持ちを考えた工夫をしているから、人気のあるお店になったと思う。

学習のまとめの例

〈ノートの記述例〉
・スーパーマーケットはお客さんのことを考えたお店だと思いました。たとえば、まとめ買いをしたいと思っているお客さんのために品ぞろえをほうふにしたり、料理で使うものをとなりにおいて売ったりしていました。家族がべん利なお店だと言っていた理由が分かりました。

・お客さんの声を聞いて、願いにこたえているから、お客さんが何度も利用するのだと思いました。だから人気のあるお店になるのだと思いました。

働く人の工夫をかべ新聞にまとめて伝えよう

本時の目標

　スーパーマーケットで働く人の工夫について「かべ新聞」に整理し、学習問題についての自分の考えをまとめてお互いに伝え合う。

本時の主な評価

　調べたことをかべ新聞にまとめ、販売の仕事の工夫を理解している【知②】／調べたことを比較・分類したり関連付けたりして、新聞の内容を基に販売の仕事を説明している【思②】

用意するもの

　かべ新聞を拡大したもの、（必要に応じて）レイアウトの見本となる新聞紙

本時の展開 ▷▷▷

本時のめあて

働く人の工夫をかべ新聞にまとめて伝えよう。

1

〈どんなことを新聞にのせるか〉
○お店の工夫
・商品のならべ方
・べん利に買い物できる工夫
○はたらく人の工夫
・分たんした仕事
・バックヤード
○お客さんの願いや思いにこたえる
・安心、安全な品物
・お客様の声コーナー
○売ること以外の取組
・リサイクルコーナー
・しょうがいのある人せん用の駐車場

つかむ　出合う・問いをもつ

板書のポイント

新聞に載せる内容としてこれまで学習してきたことを板書する。ノートに記述してきたことなどを生かして振り返ることができるようにする。

T　これまでスーパーマーケットで働く人の工夫について調べてきました。調べたことには、どんなことがありましたか？　**1**

C　お客さんの願いに応えた工夫があった。

C　地域に貢献するお店づくりをしていた。

T　「お店の工夫」「働く人の工夫」「お客さんの願いや思い」「売ること以外の取組」の項目に分けて、かべ新聞に載せる記事を考えましょう。

調べる　情報を集める・読み取る・考える・話し合う

板書のポイント

新聞の作り方の手順を板書したり、レイアウトの見本を提示したり、実物を見せたりして、視覚的に新聞構成への見通しをもてるようにする。

T　グループに分かれて、新聞づくりをします。記事に書く内容を話し合い、見出しを考えましょう。

C　「お客さんの願いに応える工夫」という見出しにしよう。

C　お店の工夫のところは、「また行きたくなるお店の秘密」にしよう。

T　見出しができたところから記事を書きましょう。新聞づくりの進め方に注意して書きましょう。　**2**

| 学習問題 | スーパーマーケットでは、お客さんを増やしたり、売り上げを高めたりするために、どのような工夫をしているのだろう。 |

2

〈新聞づくりのすすめ方〉
①書く内容を決めて、見出しを付ける。
②分かったことと自分が考えたことを分けて書く。
③レイアウト（どこにどの記事を書くか、写真や絵の入る場所）を考える。
④新聞の名前と発行日、発行者を書く。

3

| ふりかえり |

〈学習問題に対する自分の考え〉
・スーパーマーケットは、お客さんの願いに応える工夫を取り入れることで、地域で人気のお店になっている。

〈かべ新聞をつくってみて〉
・スーパーマーケットの工夫がたくさんあり、人気な理由が分かった。

まとめる　整理する・生かす

板書のポイント
単元の学習全体を振り返るとともに、学習問題に対する自分の考えを書くことができるよう、代表的な子供の発言や記述を板書し、共有する。

T　かべ新聞を基に学習問題に対する自分の考えをまとめ、友達と伝え合いましょう。　**3**

C　スーパーマーケットは、お客さんの願いに応える工夫を取り入れることで、地域で人気のお店になっている。

C　お客さんを増やしたり、売り上げを高めたりするために、売り場や商品を工夫して、何度も利用したくなる便利なお店になっている。

学習のまとめの例

〈ノートの記述例〉
●本時のまとめ
・スーパーマーケットでは、お客さんを増やしたり、売り上げを高めたりするために、売り場を分かりやすくきれいにしたり、品ぞろえをよくしてたくさん買ってもらったりするなど工夫をしています。お客さんのことを考えたお店づくりをしています。

●本時の振り返り
・かべ新聞をつくってみて、自分が気づかなかった工夫をみんなが見つけていて、スーパーマーケットが人気な理由がよく分かりました。

3

くらしを守る

1 （9 時間） 火事からくらしを守る

単元の目標

　地域の安全を守る働きについて、施設・設備などの配置、緊急時への備えや対応などに着目して、見学・調査や地図などの資料で調べ、相互の関連や従事する人々の働きを考え表現することを通して、消防署などの関係機関は、地域の安全を守るために、相互に連携して緊急時に対処する体制をとっていることや関係機関が地域の人々と協力して火災などの防止に努めていることを理解できるようにするとともに、地域や自分自身の安全を守るためにできることを考えようとする態度を養う。

学習指導要領との関連 　内容(3)「地域の安全を守る働き」アの(ｱ)(ｲ)及びイの(ｱ)

第 1 ・ 2 時	第 3 ～ 5 時
つかむ「出合う・問いをもつ」	調べる
（第 1 時） ○火事は 1 年間に何件ぐらい起きているのだろう。　　　　　　　　　　　　　　　　【思①】 ・火事の写真や映像を見て気付いたことを話し合う。 ○身近な地域での火事の現状や火事がおきたときの消防の働きを調べ、学習問題を設定する。 ・地域の出火件数、地域の火災件数と全焼件数について調べる。 ・地域の出火件数の推移（過去10年など）について調べる。 ・火事の現状について調べ、疑問に思ったことを出し合う。 **【学習問題】** 　火事から人々の安全を守るために、だれがどのようなことをしているのだろう。 **（第 2 時）** ○学習問題について予想し、学習計画を立てよう。　　　　　　　　　　　　　　　　【主①】	**（第 3 ・ 4 時）** ○消防しょの仕事や設備はどうなっているのだろう。　　　　　　　　　　　　　　　【知①】 ・消防署の施設を見学したり、消防士の話を聞いたりして、消防署の施設の様子や消防士の仕事について調べる。 **★施設・設備などの配置に着目する。** ○消防署見学で分かったことを整理する。 ・消防署の設備や消防士の仕事について調べたことをノートやワークシートに整理する。 **★施設・設備などの配置に着目する。** **（第 5 時）** ○火事が起きたときに、だれがどのように協力しているのだろう。　　　　　　　　　【知①】 ・火事が発生した際の関係諸機関（消防署、警察署、水道局、ガス会社、電気会社）の連携の仕組みについて調べ、図にまとめる。 **★緊急時の備えや対応に着目する。**

単元の内容

　本単元は、火災から地域の安全を守る消防署などの関係機関の働きについて学習する内容になっている。消防署の働きや関係諸機関の連携の仕組みについて調べ、火災発生時に対処する体制をとっていることや火災の防止に努めていることについて理解できるようにする。特に、消防の事例では、火災発生時に対処する体制をとっていることに重点を置いて学習を進める。

　火災への対処について調べる際には、地域の消防署の設備、消防団の働き、消防署と連携する警察署、ガス会社、水道局、電気会社などの役割を調べることができる資料を用意したい。

　火災防止の取組について調べる際には、防火設備の設置や点検、消防訓練の義務などを扱い、火災の防止に関する法やきまりがあることにも触れるようにする。

単元の評価

知識・技能	思考・判断・表現	主体的に学習に取り組む態度
①消防施設・設備などの配置、緊急時への備えや対処などについて、見学・調査したり地図などの資料で調べたりし、必要な情報を集め、関係機関や地域の人々の諸活動を理解している。 ②調べたことを図や文などにまとめ、消防署などの関係機関は、地域の安全を守るために、相互に連携して緊急時に対処する体制をとっていることや、関係機関が地域の人々と協力して火災などの防止に努めていることを理解している。	①消防施設・設備などの配置、緊急時への備えや対処などに着目して、問いを見いだし、消防に関する関係機関や地域の人々の諸活動について考え表現している。 ②連携・協力している関係機関の働きを比較・関連付け、消防署などの関係機関の相互の関連や従事する人々の働きを考えたり、学習したことを基に地域や自分自身の安全を守るために自分たちにできることを選択・判断し、適切に表現したりしている。	①地域の安全を守る働きについて、予想や学習計画を立てたり学習を振り返ったりして、学習問題を追究し、解決しようとしている。 ②地域の安全な生活を維持するために、地域社会の一員として、学習したことを基に自分たちに協力できることを考え、社会生活に生かそうとしている。

【知】：知識・技能　【思】：思考・判断・表現　【主】：主体的に学習に取り組む態度　○：めあて　・：学習活動　★：見方・考え方

第6・7時	第8・9時
「情報を集める・読み取る・考える・話し合う」	まとめる「整理する・生かす」
〔第6時〕 ○地域ではどのような消火や防火の取組があるのだろう。　【思①】 ・地域の消防施設（消火栓、消防水利、消防団倉庫など）を調べ、地図にまとめる。 ・消防団に協力する地域の人たちの取組（消火訓練、夜回りパトロールなど）について調べ、消防団や地域の人たちがどのような思いで地域の安全を守ろうとしているか考え、話し合う。 ★関係機関と地域の人々の協力関係に着目する。 〔第7時〕 ○校内には、火事にそなえて、どのようなものがあるのだろう。　【知①】 ・校内の消防施設（消火器、消火栓、火災報知器、非常用扉など）を調べ、地図にまとめる。 ・副校長先生（防火責任者）の話を聞き、校内における防火の取組について調べ、防火設備の設置や点検、消防訓練の義務などが法律で決められていることを理解する。 ★法やきまりに着目する。	〔第8時〕 ○火事から人々の安全を守るために、だれが何をしているのだろう。　【知②・思②】 ・学習した内容を振り返り、消防署と関係諸機関、地域、学校などの取り組みを関係図にまとめる。 ・学習問題に対する考えを文章にまとめ、作成した関係図を基に説明する。 ★様々な人の取組を関連付けて考える。 〔第9時〕 ○火事を防ぐために、わたしたちはどのようなことができるのだろう。　【主②】 ・火事を引き起こさないために自分たちが協力できることを関係図の中から選択する。 ・選択したことについて、自分たちにできることを考え、話し合う。 ・自分が協力することについて、火事を予防するポスターなどをつくり、紹介し合う。 ★連携・協力する関係機関の働きや関係機関に従事する人々の活動に着目する。

問題解決的な学習展開の工夫

　「つかむ」段階では、地域の火災の現状について調べ、火災への対処や予防について疑問がもてるようにする。具体的には、火災発生件数が多いにもかかわらず、全焼火災が少ないこと、火災発生件数が減少していることを資料で示し、子供が「どうやって火事による被害を少なくしているのか」といった疑問をもてるようする。

　「調べる」段階では、地域の消防署見学を行ったり、地域の消防団の方から話を聞いたりする学習活動を取り入れる。また、校内の防火設備を調べたり、防火責任者である副校長先生の話を聞いたりする活動も加えて行う。

　「まとめる」段階では、学習内容を振り返り、学習問題に対する自分の考えをまとめるようにする。また、学習した内容を自分たちの生活にどのように生かすのか考える場面を設定する。

つかむ
出合う・問いをもつ

火事は1年間に何件ぐらい起きているのだろう

本時の目標
　身近な地域の火事の現状や火事が起きたときの消防の働きを調べることを通して、学習問題をつくる。

本時の主な評価
　火災の発生件数の変化や火災発生時の消防の働きに着目して問いを見いだして、学習問題を考え表現している【思①】

用意するもの
　火災の写真・火災の映像、火災発生件数のグラフ（過去10年）、火災発生件数と全焼件数

1 火災が起きている様子

- けむりがすごい。
- 火のいきおいがすごくてこわい。
- 人の命に関わることだ。
- まわりの家にも火がもえうつりそうだ。

本時の展開 ▷▷▷

つかむ　出合う・問いをもつ

板書のポイント
火災の写真資料や映像を見た感想を発表させることで、火災の消火や防止の取組について関心をもてるようにする。

＊「火災がおきている写真や映像」を提示する。

T　この資料（火災が起きている写真）を見てどう思いましたか？　**1**

C　けむりがすごい。

C　まわりの家にも火がもえうつりそうだ。

C　家の人はちゃんと逃げられたかな。

C　燃えている家の中に人がいたら大変だ。人が死んでしまうかもしれないから怖い。

＊本時のめあてを板書する。　**2**

調べる　情報を集める・読み取る・考える・話し合う

板書のポイント
子供が読み取った火災件数が減少していること、全焼件数は火災の全体件数に比べて少ないことに着目できるよう板書する。

＊「火事の発生件数の推移」を提示する。　**3**

T　火事の発生件数は10年前からどのように変わっていますか？

C　火事の発生件数は少しずつへっている。

T　市では年間4,000件近く火事が起きていますが、全焼した火事は何件くらいあったと思いますか？

C　全焼している火事は半分くらいかな。

＊「全焼の件数」を提示する。　**4**

C　全焼している火事は1年間で64件だ。

2

本時のめあて　火事は1年間に何件ぐらい起きているのだろう。

3

4

平成30年に○○市でおきた火災件数

3973件

平成30年に○○市でおきた全焼火災

64件

5

ぎもん

・どうして火事がへっているのか。
・火事をへらすためにどのようなことをしているのか。
・どうして全しょうする火事は少ないのか。
・どうやって火事を消しているのか。
・だれが火事を消すのか。

6

学習問題

火事から人々の安全を守るために、だれがどのようなことをしているのだろう。

まとめる　整理する・生かす

板書のポイント

疑問を火災の予防と対処に分類しながら板書し、調べる内容を視覚的に把握できるようにする。子供の疑問をまとめ、学習問題を板書する。

T　どのようなことを疑問に思いますか？　5
C　どうして火事の発生件数はへっているのか。
C　どうして全焼件数は少ないのか。
C　どうやって全焼する前に火事を消しているのか。
T　みんなの疑問をまとめて学習問題をつくりましょう。
＊学習問題を提示する。

学習のまとめの例

〈ノートの記述例〉

・どうして火事の件数がへっているのか気になりました。火事が起きないように声をかけているから、件数がへったのではないかと思います。
・全焼する件数がとても少なくてびっくりしました。たぶん火事が起きたら消防士の人がすぐにかけつけてくれるからではないかと思います。
・これから火事を起きないようにしたり、火事が起きても被害が大きくならないようにしたりするために、どんなことをしているのかを調べていきたいです。

つかむ
出合う・問いをもつ

学習問題について予想し、学習計画を立てよう

本時の目標
学習問題について予想し合い、学習計画を立てる。

本時の主な評価
地域の安全を守る働きについて、予想や学習計画を立て、学習問題を追究しようとしている【主①】

用意するもの
前時で使用した資料、予想を書くための短冊、消火や防止の取り組みの写真資料

本時の展開 ▷▷▷

つかむ　出合う・問いをもつ

板書のポイント
前時の学習が振り返れるように、火災件数の発生推移、全焼件数、学習問題を黒板に貼る。

T　前の時間にはどのような学習問題をつくりましたか？　

C　「火事から人々の安全を守るために、だれがどのようなことをしているのだろう」だ。

＊「前時で使用した資料」を提示する。

T　今日はどんな学習の時間になりますか？

C　学習問題について予想する。

C　学習計画を立てる。

＊本時のめあてを板書する。

調べる　情報を集める・読み取る・考える・話し合う

板書のポイント
学習問題に対する予想を、短冊に書き、短冊を黒板に貼る。立場ごとに短冊を分類する。

＊「消火や防火の写真」を提示する。

T　どんな立場の人たちが火事を防いだり、消したりするのに関わっていますか？　**2**

C　消防士や警察、地域の人、家の人だと思う。

T　それぞれの立場の人がどのようなことをしているか予想して短冊に書きましょう。　**3**

C　地域の人が火事が起きないように見まわりをしていると思う。

C　警察の人が見まわってくれていると思う。

C　私の家では、消火器をおいていたと思う。

本時のめあて　学習問題について予想し、学習計画を立てよう。

2　よそう

3

消防署の人			けいさつ	地いきのひと		学校や家
短冊	短冊	短冊	短冊	短冊	短冊	短冊
火事がおきないようにパトロールしていると思う。	火事がおきたらすぐに火事を消しに行くと思う。	消防車で火事のところへ行って消していると思う。	火事がおきないようにパトロールしていると思う。	火事がおきたら消火器ですぐに消していると思う。	火事がおきないように夜、みまわりをしていると思う。	家に消火器をおいて、火事の時けすようにしていると思う。

4　学習計画

・しょうぼうしょの取組　　・けいさつの取組
・地いきのひとの取組　　・学校や家の取組

まとめる　整理する・生かす

板書のポイント

分類された短冊がどのような立場なのか考え、消防署の工夫、地域の人の工夫といった調べることを明確にして計画にする。

T　学習計画に整理しましょう。短冊はどんな内容としてまとめられますか？　**4**

C　消防署の人たちがしていること。

C　警察の人たちがしていること。

C　地域の人たちがしていること。

C　学校や家でしていること。

T　どのように調べますか？

C　インタビューや資料で調べます。

学習のまとめの例

〈学習計画例〉

・消防署の人たちのしていること。

・警察などがしていること。

・地域の人たちがしていること。

・学校や家でしていること。

〈ノートの記述例〉

・私は、消防署に見学に行って、火の消し方や使っている道具にはどのようなものがあるのか知りたいです。

・家や学校でも火事を防ぐためにしていることがあると思うので、これからどんなことが行われているのか調べてみたいと思います。

調べる
情報を集める・読み取る・
考える・話し合う

消防しょの仕事や
設備はどうなって
いるのだろう

本時の目標

消防署の施設や消防士の仕事について調べることを通して、消防士には緊急時の火災に対処する役割があることを理解する。

本時の主な評価

見学や資料などで消防署の施設や消防士の仕事を調べ、消防士には緊急時の火災への対処する役割があることを理解している【知①】

用意するもの

消防署への見学、消防士の仕事の資料、消防署見学での写真

本時の展開 ▷▷▷

つかむ　出合う・問いをもつ

板書のポイント
消防署見学での写真を提示し、消防士の仕事内容や施設の設備などについて調べたことを想起させる。

T　消防署見学では、どのようなことを調べましたか？
C　消防士の人たちの仕事内容や、消防署の施設について調べた。
＊本時のめあてを板書する。　1
T　この写真を見てください。何の写真か分かりますか？　2
C　ここは消防士の人たちが眠る部屋です。
T　今日は消防しょ見学で調べたことをみんなで振り返っていきましょう。

調べる　情報を集める・読み取る・考える・話し合う

板書のポイント
子供に消防署見学で調べたことを発表させ、消防士の仕事と消防署の設備を分けて板書する。調べたこととその目的を矢印で結び付ける。

T　消防士の仕事をあげてください。　3
C　火事を消すための訓練をしていた。
C　火事が起きないようにパトロールしている。
T　消防署にはどんな設備がありましたか？
C　火事の情報を伝える無線があった。
C　消防士の人が眠る部屋があった。
T　何のためにしているのですか？　4
C　いつでも火事に対応できるようにするため。

や設備はどうなっているのだろう。

4

| 分かったこと | 考えたこと |

火事がおきたら1分以内に出動する。

くんれんをしている。

食事の時間たいを、早くする。

少しでも早く火事のげんばに

かけるけるため。

火事のときに人をたすけるため。

消防署には眠る部屋がある。

無線があってすぐにれんらくが入る。

とびらを切ったりする道具がある。

火事の情報をすぐに知るため。

5

| 学習のまとめ | 消防しょの人は、少しでも早く火事を消せるように仕事している。 |

まとめる　整理する・生かす

板書のポイント

消防士の仕事や消防署の設備の目的の中から大切なことに線を引き、子供自身でまとめが書けるようにする。

T　今日の学習のまとめを書き、発表しましょう。　**5**

C　消防しょの人たちは、少しでも早く火事を消すことができるように仕事をしている。

T　消防士だけで、火事に対応できるのかな。

C　できない。警察とも協力すると言っていた。

T　次の時間に消防士の人たちがどのような人たちと協力しているのかを調べましょう。

学習のまとめの例

〈ノートの記述例〉

●消防士の役割

・消防士の方たちは、24時間いつでも火事にすぐに対応できるようにしている。

・消防士の方たちは、火事が起きないようにするために、たくさんの仕事をしている。

●消防署の設備・施設

・消防署には、無線などがあり、火事の情報がすぐに分かるようになっている。緊急時にすぐに道具が出せるように工夫されている。

調べる
情報を集める・読み取る・
考える・話し合う

火事が起きたときに、だれがどのように協力しているのだろう

本時の目標
　火災が起きたときの緊急対応について調べることを通して、各機関が連携して対処に当たる仕組みがあることを理解する。

本時の主な評価
　資料などで火災発生時の緊急対応を調べ、各機関が連携して対処に当たる仕組みがあることを理解している【知①】

用意するもの
　火災現場のイラスト、119番通報の流れ、現場でのそれぞれの役割

本時の展開 ▷▷▷

つかむ　出合う・問いをもつ

板書のポイント
火災現場に、ガス会社や水道会社など様々な立場の人が集まっているイラストを提示し、関係諸機関の協力関係に注目させる。

＊「火災現場のイラスト」を提示する。　■1
T　火災現場にどのような立場の人たちがいますか？
C　警察がいる。
C　ガス会社や電気会社の人たちがいる。
T　どうしていろいろな立場の人たちが集まることができるのでしょう。
＊本時の問いを板書する。　■2
C　連絡の仕方にひみつがあるのかな。

調べる　情報を集める・読み取る・考える・話し合う

板書のポイント
119番通報が「通信指令室」を中心として、水道局やガス会社、電気会社、警察などとつながっている様子が分かる図を板書する。

＊「119番の仕組み」「現場でのそれぞれの役割」を提示する。
T　119番の通報はどのように伝わりますか？

C　まず通信指令室に連絡が行き、そこから警察署や消防署などに連絡が入る。だから、すぐに現場にかけつけられる。
T　それぞれの立場の人はどのような役割がありますか？
C　警察官は火災現場の交通整理をしている。

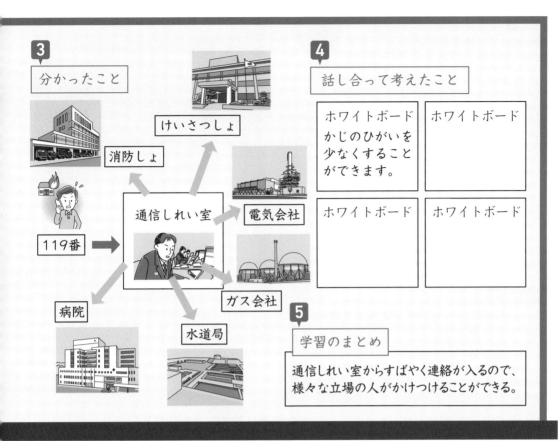

3 分かったこと

けいさつしょ

消防しょ

119番 → 通信しれい室

電気会社

病院

ガス会社

水道局

4 話し合って考えたこと

ホワイトボード かじのひがいを 少なくすること ができます。	ホワイトボード
ホワイトボード	ホワイトボード

5 学習のまとめ

通信しれい室からすばやく連絡が入るので、様々な立場の人がかけつけることができる。

まとめる　整理する・生かす

板書のポイント

グループごとに話し合った内容は、ホワイトボードにまとめ黒板にはる。

T　火災が起きたときに様々な立場の人が関わると、どのようなよさがあるかを話し合ってみましょう。　**4**

C　火災の被害を少なくすることができる。

C　火事を早く消すことができる。

T　ノートに自分のまとめを書き、発表しましょう。　**5**

C　火災が起きたとき、119番通報が通信指令室に行き、事故現場に近い警察署や消防署に素早く連絡がいく仕組みがあるため。

学習のまとめの例

〈ノートの記述例〉

・火災がおきたとき、119番をすると、消防署だけでなく、様々な立場の人たちがすぐにかけつけられるのは、119番通報が通信指令室に行き、そこから警察署や消防署などに伝わる仕組みになっているからだということが分かった。

・この仕組みがないと、消防署以外の人がかけつけるのがおそくなってこまるかもしれない。

調べる
情報を集める・読み取る・
考える・話し合う

地域ではどのような消火や防火の取組があるのだろう

本時の目標
　地域と連携した取組を調べることを通して、地域の人々も地域の安全の維持・向上に関わっていることの大切さを考える。

本時の主な評価
　地域やPTAの人々の取組を調べ、協力関係に着目して、地域やPTAなどが消火や防火に関わることの大切さを考えている【思①】

用意するもの
　地域の防災マップ、（消火栓、防火水槽の位置の分布図）、消防団の人の話

本時の展開 ▷▷▷

1

気づいたこと

・地域の人が火事がおきないように声をかけていると思う。
・夜にパトロールしていると思う。

2

本時のめあて

地域ではどのような消火や防火の取組があるのだろう。

つかむ　出合う・問いをもつ

板書のポイント
地域の消防団の写真資料を提示し、地域の人たちの働きに問題意識をもたせる。

＊「消防団の人の夜回りパトロールの写真資料」を提示する。　◀**1**

T　この資料は何をしていると思いますか？

C　地域の人たちが火事が起きないように呼びかけていると思う。

T　今日の学習では地域の人たちの働きについて考えてみましょう。

＊本時のめあてを板書する。　◀**2**

調べる　情報を集める・読み取る・考える・話し合う

板書のポイント
消防団の方の顔写真を示す。防災マップを示し、地域にはたくさんの消火するための設備があることが分かるようにする。

T　地域には、消防団という人がいます。どのような仕事をしているのか調べてみましょう。　◀**3**

C　消防団の人が夜の見回りをしている。

C　消防士と同じように訓練をしている。

T　地域にある消火栓や防火水槽がどこにあるか防災マップを使って調べてみましょう。◀**4**

C　地域にたくさんの消火栓がある。

C　細い道路には消火栓が少なく、大きな通りには消火栓が多い。

分かったこと

防災イベント

3

消防団の仕事

・火事のとき、消防し
　ょの人に協力する。
・防災に興味をもって
　もらうイベントをひ
　らいている。

防火水そう

防災マップ（消火せんと防火水そう）

4

地域にあるもの

・地域にはたくさんの
　消火せんがある。
・大きい道にはたくさ
　んの消火せんがある。

5

話し合って考えたこと

ホワイトボード 地域の人だか らすぐにかけ つけられる。	ホワイトボード 地域の事をよく 知っているので、 お年寄りや子ども を助けにきてくれ る。
ホワイトボード 地域に消化するた めの設備があれば すぐに火事を消す ことができる。	ホワイトボード 消火せんがたくさ んあれば、どこで 火事がおきても消 防車がこられる。

6

学習のまとめ

地域には消防団の人がいて、地域
の火事を予防する活動をしている。

まとめる　整理する・生かす

板書のポイント

防災マップや消防団の写真資料とその役割を矢
印でつなぎ、施設の配置や消防団の活動の大切
さを考えられるようにする。

T　このような施設や消防団の取り組みの大切
　さはどのようなことだと思いますか？　**5**

C　火事が起きたときに地域の人ならすぐにか
　けつけることができる。

C　地域にたくさんの消火栓があれば、どこで
　火事があっても消すことができる。

T　今日の学習のまとめをノートに書きましょ
　う。　**6**

C　地域では、私たちが安心して暮らせるよう
　に火事に対する備えが行われている。

学習のまとめの例

〈ノートの記述例〉

●施設・設備の配置について

・地域にはたくさんの消火栓や防火水
　槽、消火器などがあるので、どこで
　火事が起きても対応できるように工
　夫されています。

●人々の諸活動

・地域には消防団の人がいて、地域の
　火事を予防する活動をしています。
　また、火事の時には消火の手伝いを
　して、消防士に協力しています。

調べる
情報を集める・読み取る・
考える・話し合う

校内には、火事にそなえて、どのようなものがあるのだろう

本時の目標
　消火器や消火栓、火災報知器などについて調べることを通して、学校には火災に備えた設備があることを理解する。

本時の主な評価
　火災防止の設備の役割や分布について調べ、学校には火災を防止する設備があることを理解している【知①】

用意するもの
　学校内の白地図、校内の防火設備の写真資料

1

火災ほう知き　　　消火せん

気づいたこと

・消火器があったと思う。
・火事のときにしまるとびらがある。
・消火せんがあると思う。

2

本時のめあて

校内には、火事にそなえて、どのようなものがあるのだろう。

本時の展開 ▷▷▷

つかむ　出合う・問いをもつ

板書のポイント
設備の写真の 1 つを提示して、施設・設備に関心をもてるようにする。

T　今日は何について調べる時間ですか?
C　学校でしていることを調べる。
T　これ(校内の消火栓の写真資料)を見たことがありますか?
C　消火せんだと思う。
T　どこで見ましたか?　**1**
C　学校の階段の近くで見た。
T　今日は、校内には火事に備えてどのようなものがあるか調べてみましょう。　**2**

＊本時のめあてを板書する。

調べる　情報を集める・読み取る・考える・話し合う

板書のポイント
学校内の地図に防火設備のある位置にシールを貼り、校内の様々な場所に防火設備があることが分かるようにする。

＊「防火設備の仕組みや役割」を提示する。
T　校内で見付けた設備の場所にシールを貼ってください。何か気付いたことはありますか?　
C　全ての教室に火災報知器があるので、火事が起きたことがすぐに分かります。
C　廊下には消火栓や消火器があった。
T　学校の防火責任者である副校長先生の話を聞いてみましょう。

③ 分かったこと

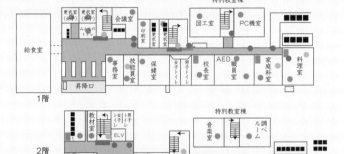

・どの教室にも火災報知器がある。
・すべての階に消火栓や消火器がある。
・防火とびらがいろいろなところにある。

④ 話し合って考えたこと

・どこにいても避難できるように学校では工夫がされている。
・どこで火事が起きてもすぐに分かるようになっている。

⑤ 学習のまとめ

校内には火事を防ぐ設備があり、私たちの安全が守られている。

まとめる 　整理する・生かす

板書のポイント
施設・設備の分布とその目的を矢印などでつなげて示すことで、その場所にあることの意味に目を向けられるようにする。

T　なぜ校内にはたくさんの防火設備があると思いますか？ 　④
C　火事が起きてもすぐに助けられるようにするため。
＊「防火設備に関する法律」を提示する。
C　法律があるから学校には防火設備がある。
T　学習のまとめを書きましょう。 　⑤
C　学校には火事を防止するための設備があり、私たちを守っている。このような設備は法律で設置することが決められている。

学習のまとめの例

〈ノートの記述例〉
・学校には火事を防止するために、消火器や消火栓、火災報知器などが設置されている。学校にたくさんの防火設備があるのは、法律できめられているからです。
・学校には防火設備が、さまざまな場所にたくさんあります。自分の家にも防火設備があるかを調べてみようと思います。

まとめる
整理する・生かす

火事から人々の安全を守るために、だれが何をしているのだろう

本時の目標

　地域の安全なくらしを維持・向上するために、消防士や関係機関、地域住民が協力していることを理解する。

本時の主な評価

　地域の安全なくらしを維持・向上するために、消防士や関係機関、地域住民が協力していることを理解している【知②】／様々な人の取組を、安全な生活と関連付けて、自分ができることを考えている【思②】

用意するもの

　各時間で使った写真などの資料

本時の展開 ▷▷▷

1

学習問題

火事から人々の安全を守るために、だれが何をしているのだろう。

3

話し合って考えたこと

・消防士や地域の人たちがすぐに対応してくれているおかげで安心して生活ができる。
・火事が起きたら、自分たちは火を消してもらったり、助けてもらったりできる。

つかむ　出合う・問いをもつ

板書のポイント

各時間で使った主な写真資料を提示し、学習内容を振り返ることができるようにする。

T　今日の学習は何ですか？
C　今日はまとめだ。
T　学習問題をみんなで言いましょう。　**1**
＊学習問題を板書する。
T　学習問題を解決するためにどんなことを調べましたか？
C　消防署の人たちがしていることを調べた。
C　地域の人たちがしていることを調べた。
T　今日は、これまで学習したことを振り返って、まとめを考えていきましょう。

調べる　情報を集める・読み取る・考える・話し合う

板書のポイント

それぞれの立場の人たちがどのような働きをしているのか、その関係を矢印でつなげ、「協力」といったキーワードを板書する。

T　誰がどのような取組をしていましたか。ワークシートに図でまとめましょう。　**2**
C　消防士の人は火事が起きたらすぐに、かけつけて火を消している。また、火事の現場で素早く行動できるように訓練している。
C　警察や電気会社、ガス会社など、いろいろな人たちも火事が起きたときには現場にかけつけて協力している。
C　地域や学校には、火事が起きたときに必要な設備がたくさんある。

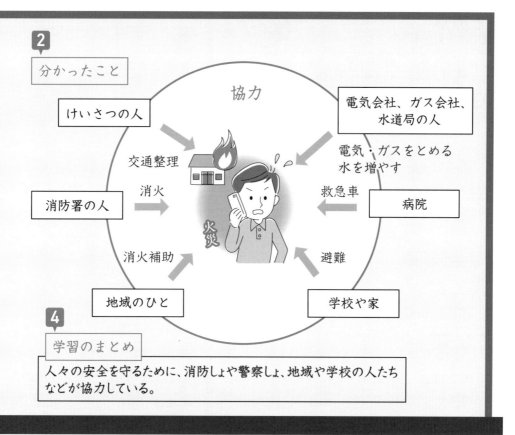

2 分かったこと

協力

けいさつの人

電気会社、ガス会社、水道局の人

交通整理

電気・ガスをとめる　水を増やす

消防署の人

消火

救急車

病院

火災

消火補助

避難

地域のひと

学校や家

4 学習のまとめ

人々の安全を守るために、消防しょや警察しょ、地域や学校の人たちなどが協力している。

まとめる　整理する・生かす

板書のポイント

板書に自分を位置付けることで、自分たちの生活と消防署や関係機関の働きのつながりを考えられるようにする。

T　このようなはたらきは、みんなの生活にどんなつながりがありますか？ 　**3**

C　消防士や地域の人たちがすぐにかけつけてくれるから安心して生活ができる。

C　もしも火事が起きたら、自分たちは火を消してもらったり、助けてもらったりできる。

T　学習のまとめを書きましょう。 　**4**

C　人々の安全を守るために、消防士や警察、地域や学校の人たちなどが協力して、すぐに火事を消したり防いだりしている。

学習のまとめの例

〈ノートの記述例〉

・火事からわたしたちの生活を守るために、消防士は火事が起きたらすぐに対応できるように準備や訓練をしています。また、火事が起きないようにパトロールしたり、地域の人たちと協力して消防訓練などを行ったりしています。

・火事などからわたしたちの生活を守るために、消防士だけではなく地域や学校の人たちも協力しています。火事が起きないようにたくさんの人ががんばっているから、自分にできることをやりたいです。

火事を防ぐために、わたしたちはどのようなことができるのだろう

本時の目標

地域や自分自身の安全を守るために、自分たちにできることを考える。

本時の主な評価

学習したことを基に、地域や自分自身の安全を守るために、自分たちにできることを考えようとしている【主②】

用意するもの

資料「消防団の方の話」、資料「火災の原因」、資料「火災の予防方法」

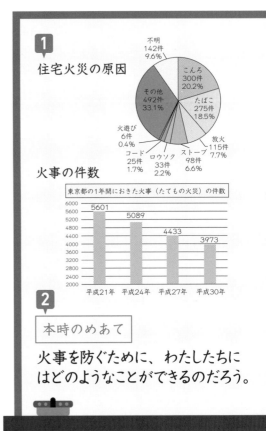

1 住宅火災の原因

不明 142件 9.6%
こんろ 300件 20.2%
その他 492件 33.1%
たばこ 275件 18.5%
火遊び 6件 0.4%
放火 115件 7.7%
コード 25件 1.7%
ロウソク 33件 2.2%
ストーブ 98件 6.6%

火事の件数

東京都の1年間におきた火事（たてもの火災）の件数

平成21年	平成24年	平成27年	平成30年
5601	5089	4433	3973

2 本時のめあて

火事を防ぐために、わたしたちにはどのようなことができるのだろう。

本時の展開 ▷▷▷

つかむ　出合う・問いをもつ

板書のポイント

火事の発生件数の推移や火災の原因を示し、火事を予防するために自分たちも協力する必要があると気付けるようにする。

*資料「火事の件数の変化」「住宅火災の原因」を提示する。　1

T　火災の原因はどのようなことですか？

C　ガスコンロからの火事やたばこの火事がある。

C　ストーブでも火事は起きている。

C　火事を起こさないためには、自分たちにもできることがきっとあると思う。

*本時のめあてを板書する。　2

調べる　情報を集める・読み取る・考える・話し合う

板書のポイント

まとめる時間につくった関係図をもとに、自分たちはどの立場の人に協力できるかを考え、線をつなぐようにする。

T　これまでの学習を振り返って、誰にどのような協力ができますか？　また、自分たちでもできることはありますか？　3

C　ポスターをつくって火事を防ぐことの大切さを伝えたい。

C　自分は火事を起こさないようにガスコンロの火がきちんと消えているか確認する。

C　私は消防団の活動に協力してみたいです。子供消防団の活動に興味がある。

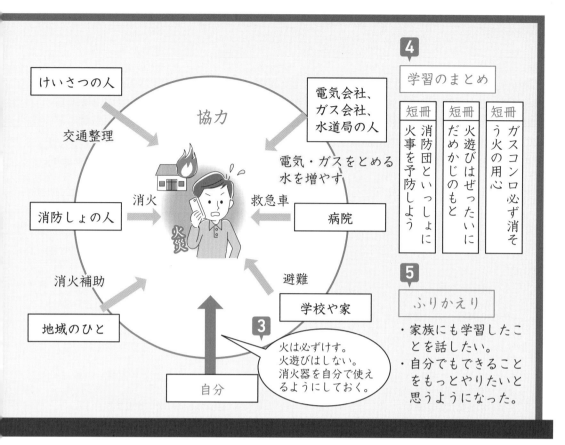

まとめる　整理する・生かす

学習のまとめの例

板書のポイント

火事をふせぐための標語を短冊にまとめ、どのような標語を考えたか、子供同士で分かるようにする。

T　火事を予防する標語をつくりましょう。4
C　「消防団と　いっしょに呼びかけ　火の用心」「火遊びは　ぜったいしない火事のもと」「火の用心　必ず消そう　ガスコンロ」
T　今日の学習を振り返って考えたことを学習感想に書きましょう。5
C　火事から安全を守るために、自分たちも火事を起こさないように注意することが大切だと思う。家で火事が起きないように家族にも学習したことを話したい。

〈振り返りの記述例〉

・火事から安全を守るためにたくさんの人ががんばっているけれど、自分たちが火事を起こさないように注意することが大切だと思います。家で火事が起きないように家族にも学習したことを話したいです。

・学習する前は、火事を防ぐために自分にできることはあまり考えたことがなかったけれど、家でできることや地域の人に協力できることを学習して、自分もできることをもっとやりたいと思うようになりました。

事件や事故からくらしを守る

単元の目標

地域の安全を守る働きについて、施設・設備などの配置、緊急時への備えや対応などに着目して、見学・調査したり地図などの資料で、相互の関連や従事する人々の働きを考え表現することを通して、警察署などの関係機関は、地域の安全を守るために、相互に連携して緊急時に対処する体制をとっていることや関係機関が地域の人々と協力して事故などの防止に努めていることを理解できるようにするとともに、地域や自分自身の安全を守るために自分たちにできることを考えようとする態度を養う。

学習指導要領との関連 内容(3)「地域の安全を守る働き」アの㋐㋑及びイの㋐

第1時	第2・3時
つかむ「出合う・問いをもつ」	**調べる**
〔第1時〕 ○学校の周りや地域での事件や事故はどんな様子だろう。　　　　　　　　　　【思①・主①】 ・「火事から守る」の学習を振り返る。 ・学校の周りの地図で危ないと感じる箇所を発表する。 ・事件・事故発生件数のグラフを見て、疑問を出し合い、学習問題を設定する。 ★事件や事故の発生場所の分布と事件や事故の発生件数の変化に着目する。	〔第2時〕 ○けいさつかんは、どのように事件や事故を防いでいるのだろう。　　　　　　　　【知①】 ・警察署や交番を見学して、施設・整備を調べたり、警察官の仕事の様子を調べたりする。 ・警察官の話や教科書や副読本の資料を活用して調べる。 ・警察の事件や事故を防ぐ取組をノートにまとめる。 ★施設・設備などの配置に着目する。
【学習問題】 　事件や事故からわたしたちの生活を守るために、だれがどのような取組をしているのだろうか。 ・「火事から守る」の学習や経験したことなどを基に予想を出し合う。 ★前単元で学習している施設・設備の配置や緊急時への備えに着目して予想する。 ・事件や事故から生活を守る取組について調べる学習計画を立てる。	〔第3時〕 ○事故が起きると、様々な立場の人がなぜすぐにかけつけられるのだろう。　　　　　【知①】 ・事故時の写真を見て、どのような人がかけつけているのかを発表する。 ・緊急時の情報連絡の資料を基に様々な人がかけつける仕組みについて調べる。 ・多くの人が緊急時に関わっている理由を話し合い、考えたことをノートにまとめる。 ★緊急時への備えや対応に着目する。

単元の内容

　本単元は、「関係機関は地域の安全を守るために相互に連携して緊急時に対処する体制をとっていること」や「関係機関が地域の人々と協力していること」を理解する学習であり、警察の働きを中心としつつ、地域の人々も安全を守るために協力していることを取り上げる。

　警察官は地域のパトロールによる見守りなどを行っている。事故発生の緊急時には、110番

通報が通信指令室に伝わり、そこから関係機関に伝えるようになっている。地域の人々は、警察官ではないが地域パトロールをしたり事故防止に関わる会合を開くなどしており、地域全体の安全への啓発につながる活動をしている。

　これらの取り組みを学習することを通して、児童が社会のしくみのよさに気付き、安全を守る活動に関わろうとする態度を育んでいく。

単元の評価

知識・技能	思考・判断・表現	主体的に学習に取り組む態度
①施設・設備などの配置、緊急時への備えや対応などについて見学・調査したり地図などの資料で調べたりして、必要な情報を集め、読み取り、関係機関や地域の人々の諸活動を理解している。 ②調べたことを地図や図表、文などにまとめ、警察署などの関係機関は、地域の安全を守るために、相互に連携して緊急時に対処する体制をとっていることや、関係機関が地域の人々と協力して事故などの防止に努めていることを理解している。	①施設・設備などの配置、緊急時への備えや対応などに着目して、問いを見いだし、関係機関や地域の人々の諸活動について考え表現している。 ②連携・協力している関係機関の働きや関係機関に従事する人々の活動と地域の人々の生活を関連付けて、相互の関連や従事する人々の働きを考えたり、学習したことを基に自分たちが協力できることを選択・判断したりして適切に表現している。	①地域の安全を守る働きについて、予想や学習計画を立てたり学習を振り返ったりして、学習問題を追究し、解決しようとしている。 ②学習したことを基に地域や自分自身の安全を守るために自分たちにできることなどを考えようとしている。

【知】：知識・技能　【思】：思考・判断・表現　【主】：主体的に学習に取り組む態度　○：めあて　・：学習活動　★：見方・考え方

第4・5時	第6・7時
「情報を集める・読み取る・考える・話し合う」	まとめる「整理する・生かす」
〔第4時〕 ○地域には事故を防止するために、どのようなものがあるのだろう。　　　　　【知①】 ・家庭学習で見付けてきた施設・設備をお互いに紹介し合う。 ・資料を基に事故防止の施設・設備の仕組みや役割について調べる。 ・地域にある施設・設備などの位置と役割などについて白地図にまとめ、そこにある理由を話し合う。 ★施設・設備などの配置、法やきまりなどに着目する。 〔第5時〕 ○なぜ地域やPTAの人たちもけいさつのような取組をしているのだろう。　　　　【思①】 ・地域の方の交通安全や防犯運動などの活動場面の写真から感じたことを発表する。 ・地域の人の話や資料を基に調べ、活動の目的や協力関係について考えノートにまとめる。 ★安全への願いと協力関係を関連付けて考える。	〔第6時〕 ○わたしたちの生活を守るために、だれがどんな取組をしているのだろう。　【知②・思②】 ・立場や取組ごとにカードにまとめる。 ・それぞれの取組が、自分たちの生活とどのようにつながるのかを話し合う。 ・学習問題について自分の考えをまとめる。 ★各立場の取組と地域の人々の生活を関連付けて考える。 〔第7時〕 ○地域の安全なくらしを守るために、自分たちには何ができるだろう。　　　　【主②】 ・事件・事故のグラフ（第1時）を振り返り、現在何が行われているか、さらに減らしていくために誰がどう関わるとよいか話し合う。 ・協力できることで選択・判断したことや自分たちができることを話し合う。 ★連携・協力する関係機関の働きや関係機関に従事する人々の活動に着目する。

問題解決的な学習展開の工夫

　本単元は、前単元「火事から守る」での既習事項を随所で生かしながら児童の考えを深めていくような学習展開を工夫したい。

　「つかむ」では、予想を出し合い学習計画を立てる際には、火事を防ぐために消防署や地域の消防団が努力をしていたことなどを引き合いに出しながら考えられるようにする。

　「調べる」では、消防署の見学の経験を生かして、警察署や交番などの見学を実施する。

　「生かす」段階で「自分たちにできること」を考える際には、第1時で提示したグラフを再掲し自身の学習の深まりを感じさせつつ、警察署や地域の人に加えて自分たちも関わる必要があることに目を向けるようにする。このようにすることで、「自分たちにも協力できることがある」という思いをもたせていきたい。

つかむ
出合う・問いをもつ

学校の周りや地域での事件や事故はどんな様子だろう

本時の目標

身近な地域での危険な場所や事件・事故の減少について話し合うことを通して、学習問題をつくり学習計画を立てる。

本時の主な評価

事件や事故の発生場所の分布と事件や事故の発生件数の変化に着目して問いを見いだし、学習問題を考えている【思①】／予想や学習計画を立て、学習問題を追究しようとしている【主①】

用意するもの

学校の周りの危険な場所の資料、学校周辺地図、事件・事故発生件数グラフ

1
〈火事から守る〉
・消防しょ
・消防団
（地いきの人々）

2

本時のめあて

学校の周りや地域での事件や事故はどんな様子だろう。

・歩道がせまい所
・交差点や横断歩道
・くらくてせまい道

本時の展開 ▷▷▷

つかむ　出合う・問いをもつ

板書のポイント

前単元「火事から守る」での学習のうち、本単元の学習問題の予想の根拠となる「中心となる機関」と「地域の人たち」を板書しておく。

T　「火事から守る」はどのようなことが分かりましたか？

C　消防署だけでなく、消防団など地域の人たちも火事から守るために協力していることが分かった。　

T　皆さんは、学校の周りで危ないと感じたことはありますか？

＊本時のめあてを板書し、資料「学校の周りの危険な場所の写真」を提示する。　

調べる　情報を集める・読み取る・考える・話し合う

板書のポイント

子供が読み取った「件数の減少傾向」を板書する。その後、疑問や感じたことを分類して板書し、問題意識の傾向がつかめるようにする。

T　学校の周りで危ないところはありますか？　**3**

C　歩道が狭い所は車にぶつかりそうだった。

＊資料「事件・事故発生件数のグラフ」を提示する。

T　疑問に思ったことを発表しましょう。　

C　増えている年もあるけれど、全体的には減っている。どうしてだろう。

＊学習問題を板書する。

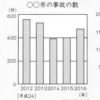

○○市の事故の数

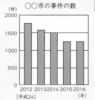

○○市の事件の数

4

ぎもん

・全体的にはへっているのはなぜ？

・火事の勉強のときのように、だれかが防いでいるのかな。

学習問題

事件や事故からわたしたちの生活を守るために、だれがどのような取組をしているのだろう。

5

よそう

・けいさつしょが中心？
・火事を防ぐようなしせつやせつび？
・地いきの人たち？→協力？

6

学習計画

・けいさつしょ
・しせつやせつび
・地ちきの人
・インタビュー・資料など

まとめる　整理する・生かす

板書のポイント

予想を分類して板書し、調べる項目を視覚的に把握できるようにする。調べる内容だけではなく、調べる順番や調べ方も板書する。

T　誰がどのように取り組んでいると思いますか？　**5**

C　警察署が中心かもしれない。

C　地域の人たちも協力していると思う。

C　私も地域の人たちもやっていると思う。

C　火事のように、施設や設備もあると思う。

T　学習計画に整理しましょう。どのように調べますか？　**6**

C　インタビューや資料で調べる。

学習のまとめの例

〈ノートの記述例〉

・警察署が中心かもしれない。火事の学習のときは消防署が中心だったからです。

・地域の人たちも協力していると思います。防犯パトロールをしている地域の人を見たからです。火事のときは消防団があった、事件や事故でも地域の人たちがなにかしていると思ったからです。

・火事の学習のときのように、施設や設備もあると思います。地域にはカーブミラーや「止まれ」の標識などがたくさんあるからです。

調べる
情報を集める・読み取る・
考える・話し合う

けいさつかんは、どのように事件や事故を防いでいるのだろう

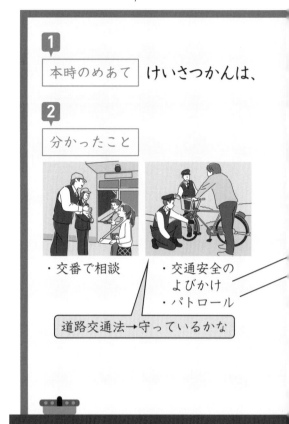

1 本時のめあて　けいさつかんは、

2 分かったこと

・交番で相談　　・交通安全の
　　　　　　　　　　よびかけ
　　　　　　　　・パトロール

道路交通法→守っているかな

本時の目標
警察の仕事について調べることを通して、警察官には事件や事故を防止する役割があることを理解する。

本時の主な評価
警察の仕事について話を聞いたり資料などで調べたりして、警察官には事件や事故を防止する役割があることを理解している【知①】

用意するもの
警察官の話（警察官の仕事に関する文書資料）

本時の展開 ▷▷▷

つかむ　出合う・問いをもつ

板書のポイント
警察官の仕事の場面の資料を提示して、警察官の仕事の様子に関心をもてるようにする。

T　学習計画を確認すると、今日はどのようなことを学習しますか？
C　警察官の仕事を調べる。
＊本時のめあてを板書する。　**1**
T　今日は警察官の人に来てもらっています。警察官はどのようなことをしていると思いますか？
C　パトロールをしていると思う。
C　ときどき交差点のところに立って、自動車と人が事故に遭わないように誘導しているのを見る。

調べる　情報を集める・読み取る・考える・話し合う

板書のポイント
実際に警察官の方からお話をうかがう時間を設定し、相談に関わることと見回りに関わることを分類しながら板書する。

＊警察官に話してもらうか、資料「警察官の話」を提示する。
T　警察官はどのような仕事をしていましたか？　**2**
C　交通安全の呼びかけをしていた。
C　お店にも行って、パトロールをしていた。
C　交番にいるときには、まちの人が相談に来ていた。
C　道路交通法をみんなが守っているかどうかを見ていると言っていた。

どのように事件や事故を防いでいるのだろう。

3 話し合って考えたこと

〈もしも、けいさつかんがいなかったらこまること〉
・事件や事故があったら、自分たちでたいおうしなくてはいけない。
・きまりを守らない人が出てきて安全でなくなってしまう。

4 学習のまとめ

けいさつかんは、事件や事故を防ぐために
（　　　　　　　　　　　　　　　　　　　　　　　　）。

・悪いことをする人がいなくなるようにパトロールなどをして
　事件や事故を防いでいる。
・みんながきまりを守って生活できるようにしている。

まとめる　整理する・生かす

板書のポイント
見学や資料で見付けた警察官の仕事とその目的
とを矢印で結び付け、事件や事故の防止におけ
る警察官の役割に気付けるようにする。

T　警察官の仕事がなくなったら、どのような
　ことが困ると思いますか？　**3**
C　きまりを守らない人が出てきて安全でなく
　なってしまう。
T　警察官はどのようにして事件や事故を防い
　でいましたか？　自分のまとめを書き発表し
　ましょう。　**4**
C　パトロールをして事件や事故を防いでいる。
C　警察官は、みんながきまりを守って生活で
　きるように呼びかけている。

学習のまとめの例

〈ノートの記述例〉
・警察官は、交番にいてまちの人の相
　談にのったり、パトロールをしてみ
　んながきまりを守ったりするように
　して、事件や事故を防いでいます。
・警察官は、事件や事故を防ぐため
　に、パトロールなどをして、悪いこ
　とをする人がいなくなるようにし
　て、人々がきまりを守って安全に生
　活できるようにしています。

調べる

情報を集める・読み取る・
考える・話し合う

事故が起きると、様々な立場の人がなぜすぐにかけつけられるのだろう

本時の目標

事故が起きたときなどの緊急対応について調べることを通して、各機関が連携して対処に当たる仕組みがあることを理解する。

本時の主な評価

資料などで事故発生時の緊急対応について調べ、通信指令室を通じて関係機関が連携して対処に当たる仕組みがあることを理解している【知①】

用意するもの

事故時の資料、110番通報の流れ図、現場でのそれぞれの役割を表した資料

本時の展開 ▷▷▷

事故現場

1

気づいたこと

・けいさつかんだけではない。
・消防たいいん
・ふくそうがちがう人
　　　→たくさん

2

本時のめあて

事故が起きると、様々な立場の人がなぜすぐにかけつけられるのだろう。

つかむ　出合う・問いをもつ

板書のポイント

事故現場の資料を提示し、どのような人がいるか読み取り、警察官や消防隊員など、様々な立場の人がかけつけていることを板書する。

＊「交通事故現場にかけつける人」を提示する。

T　どのような人たちがいますか？　　**1**

C　警察官だけでなく消防隊員もいる。

C　服装が違う人がたくさんいるよ。

C　ほかにも人がいるのかな。

＊本時のめあてを板書する。　　**2**

C　火事のときのように、中心となる場所から連絡がいくのかもしれない。

調べる　情報を集める・読み取る・考える・話し合う

板書のポイント

110番通報の流れが「通信指令室」を中心としていることを板書に示し、火事の場合と仕組みを比較する。

＊「110番の仕組み」「現場でのそれぞれの役割」を提示する。

T　110番の通報は、誰にどのように伝わっていますか？　　**3**

C　まず通信指令室に行く。

C　通信指令室から警察署や消防署に連絡が行き、現場にかけつけるようになっている。

C　火事の時の対処の仕方と同じ。

C　だから現場にたくさんの人がすぐに来られる。

よそう

・火事の時と同じ？
・中心となる場所？

通信指令センターのしくみ

3

分かったこと

・110番→通信しれい室
・通信しれい室→けいさつしょ・消防しょなど

4

話し合って考えたこと

〈多くの人が関わるよさ〉
・事故→早く元にもどせる。
・次の事故が起きないようにする。

交通整理

・通信しれい室→いっせいに、はやく。

5

学習のまとめ

（様々な立場の人達がすぐにかけつけられるのは（　　　　　　　　　　　）。

・110番通報が通信しれい室に行き、事故現場に近い警察署や消防署に素早く連絡がいく仕組みがあるため。

まとめる　整理する・生かす

板書のポイント

かけつけた人たちがどのような役割を担っているのかを板書に書き、緊急時の対応の様子を捉えられるようにする。

T　事故が起きたときに多くの人たちが関わるよさには何があると思いますか？　**4**

C　事故現場で次の事故が起きないように、交通整理ができる。

C　早く事故の場所を元に戻すことができる。

T　ノートに問いのまとめを書き、発表しましょう。　**5**

C　事故が起きたとき、110番通報が通信指令室に行き、事故現場に近い警察署や消防署に素早く連絡がいく仕組みがあるためだ。

学習のまとめの例

〈ノートの記述例〉

・事故が起きたとき、様々な立場の人たちがすぐにかけつけられるのは、火事のときに似ていて、110番通報が通信指令室に行き、そこから警察署や消防署などに伝わる仕組みになっているからです。

・事故が起きたとき、様々な立場の人たちがすぐにかけつけられるのは、火事のときと同じような仕組みがあるからです。多くの人がかけつけると、事故のしょりを早く終えることができます。

調べる
情報を集める・読み取る・
考える・話し合う

地域には事故を防止するために、どのようなものがあるのだろう

本時の目標
　地域のカーブミラーやガードレールなどについて調べることを通して、地域には事件や事故を防止するための設備があることを理解する。

本時の主な評価
　事故防止の施設・設備の分布について調べ、地域には事件・事故を防止する設備が様々な場所にあることを理解している【知①】

用意するもの
　地域にある標識や設備の写真資料、事故防止の施設・設備に関する文書資料

本時の展開 ▷▷▷

1
カーブミラー
・曲がり角
➡反対がわが見える。

2
本時のめあて

地いきには事故を防止するために、どのようなものがあるのだろう。

つかむ　出合う・問いをもつ

板書のポイント
交通事故を防ぐための設備の写真資料の1つを提示して、地域にある施設・設備に関心をもてるようにする。

＊「カーブミラーの写真」を提示する。
T　学校の近くにこのようなものを見付けました。見たことがある人はいますか？　どのような場所にありましたか？　**1**
C　曲がり角にあった。反対側の道路の様子が見えた。
＊本時のめあてを板書する。　**2**
T　カーブミラーはなぜこのような場所にあるのだと思いますか？
C　反対側から自動車や自転車が来るから。

調べる　情報を集める・読み取る・考える・話し合う

板書のポイント
交通事故を防ぐための施設・設備とその目的を板書で整理する（白地図分布の意味につなげる）。

＊「事故防止の施設・設備の仕組み」を提示する。
T　自分が見付けたものを発表し、どのような役割があるかを資料で調べましょう。　**3**
C　「止まれ」の標識はその場所で自動車が一時停止するようになっている。
C　ガードレールは歩道と車道の境にある。歩行者を守っている。
C　点字ブロックは、目に見えない人が安全に歩けるように歩道にある。
C　押しボタン式の信号機で安心して渡れる。

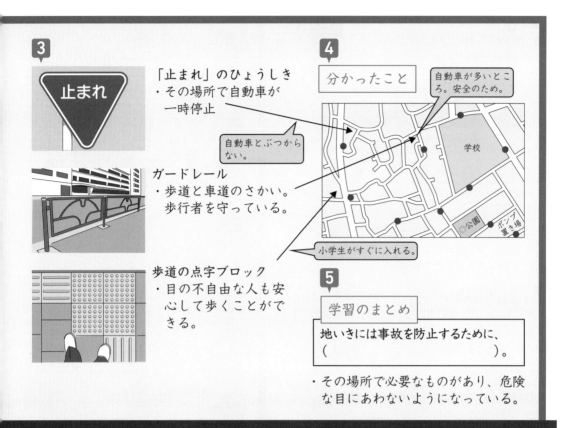

まとめる　整理する・生かす

板書のポイント

施設・設備の分布とその目的を矢印などでつなげて示すことで、その場所にあることの意味に目を向けられるようにする。

T　どこに何がありましたか？　　　　　4

C　自動車の通りが多い道路にはガードレールがあった。歩行者が安全に通れるようになっている。

C　通学路に点字ブロックがたくさんあった。

T　学習のまとめを発表しましょう。　　5

C　地域には事故を防止するために、その場所で起きる事故を防ぐために必要なものがあり、私たちが危険な目に遭わないようになっている。

学習のまとめの例

〈ノートの記述例〉

・地域には事故を防止するために、カーブミラーやガードレール、こども110番の家など、その場所で必要なものが設置され、危険な目に遭わないようになっています。

・地域には事故を防止するために、火事のせつびと同じように、人々が安全のために使うものが設置されています。こども110番の家があるので、危ないときには行くようにしたいです。

調べる
情報を集める・読み取る・
考える・話し合う

なぜ地域や PTA の人たちもけいさつのような取組をしているのだろう

1

・地いきの人　・PTAの人

けいさつかんみたい

2

本時のめあて

なぜ地いきやPTAの人々も
けいさつのような取組をして
いるのだろう。

本時の目標

　地域連携の取組を調べることを通して、警察官だけでなく地域の人々も地域の安全の維持・向上に関わっていることを理解する。

本時の主な評価

　地域や PTA の取組に着目して調べ、地域の人の安全への願いと協力関係を関連付けて、地域や PTA が関わるよさを考えている【思①】

用意するもの

　資料「防犯パトロール中の地域の人」、インタビュー「地域の人の話」

本時の展開 ▷▷▷

つかむ　出合う・問いをもつ

板書のポイント
地域の人がパトロールする写真資料を提示し、警察官の活動と似ていることに着目できるようにして、地域の活動への関心を高める。

＊「防犯パトロール中の地域の人」を提示する。
T　パトロールをしている人は警察官ではなく、地域や PTA の人です。どのようなことを感じますか？　**1**
C　警察官みたいなことを地域や PTA の人もしている。
C　どうして、地域や PTA の人がパトロールするんだろう。　**2**
＊本時のめあてを板書する。

調べる　情報を集める・読み取る・考える・話し合う

板書のポイント
問いに対する予想の発言から、地域の人のパトロールと警察官の取組との共通点や相違点を見付けさせ、発言を板書する。

＊インタビュー「地域の人の話」を提示する。
T　地域の人はどのようなことをしていると言っていましたか？　**3**
C　小学生が安全に通学できるように見守りをしていると言っていた。
C　警察官だけでなく地域全体としてパトロールをしているそうだ。
C　地域の人たちは警察、先生、PTA の人と一緒に地域の安全について話合いもする。
C　地域の安全を大事に思うのは同じ。

よそう

・手伝わないと人が足りない？
・けいさつかんだけにたよっては
　いけないから？

3

分かったこと

・安全に通学できるよう見守る。
・地いき全体としてパトロールする。
・学校の先生やPTAの人と安全な地いきについて話し合う。

4

話し合って考えたこと

〈地いきやPTAの人が取り組むよさ〉
・警察官よりも地域のことをよく知っている。
・地域やPTAの人など、顔見知りの人が取り組んでいると安心できるし、協力しようとする人がふえるから。

5

学習のまとめ

地いきやPTAの人々もけいさつかんのような取組をしているのは
（　　　　　　　　　　　　　　　　）。

・地いきのことをよく知っていて、地いき全体で安全なくらしを目指しているため

まとめる　整理する・生かす

板書のポイント

　地域やPTAの人々の思いや願いに関わる内容を板書し、警察官以外にも様々な人がパトロールに取り組むことの意味に気付けるようにする。

T　警察官ではない人が取り組むよさはどのようなことだと思いますか？　　**4**
C　警察官よりも地域のことをよく知っているところだと思う。
C　地域やPTAの人など、顔見知りの人が取り組んでいると安心できるからだと思う。
T　学習のまとめを発表しましょう。　　**5**
C　地域やPTAの人々も取り組んでいるのは、地域のことをよく知っていて地域全体で安全なくらしを目指しているためだ。

学習のまとめの例

〈ノートの記述例〉
・地域やPTAの人々も取り組んでいるのは、地域のことをよく分かっているし、地域全体でつながりをつくって安全なくらしになるようにしたいためです。
・地域やPTAの人々も取り組んでいるのは、自分たちの地域だから、警察官に協力して、いっしょに安全な地域になるようにしているためです。
・警察官だけでなく、地域のいろいろな人が協力するから地域の安全が守られることが分かりました。

まとめる
整理する・生かす

わたしたちの生活を守るために、だれがどんな取組をしているのだろう

本時の目標

話し合い活動を通して、地域の安全なくらしを維持・向上するために、警察官や関係機関、地域住民が協力していることを理解する。

本時の主な評価

地域の安全なくらしを維持・向上するために警察官や関係機関、地域住民が協力することの大切さを理解している【知②】／安全を守る取組を相互に関連付けて考え、適切に表現している【思②】

用意するもの

各時間で使った写真資料　カード

本時の展開 ▷▷▷

1

本時のめあて（学習問題）

わたしたちの生活を守るために、だれがどんな取組をしているのだろう。

4

学習のまとめ

事件や事故からわたしたちの生活を守るために、
（　　　　　　　　　　　　　　）。

・けいさつかん、地域やPTAの人たちなどがきまりを守るようにしたり、協力したりしている。

つかむ　出合う・問いをもつ

板書のポイント

学習計画を確認するとともに、各時間で使った主な資料を提示し、学習内容を振り返ることができるようにする。

T　学習計画を確認すると、今日の学習は何ですか？
C　今日はまとめだと思う。
T　学習問題をみんなで言いましょう。　◀**1**
＊学習問題を板書する。
T　誰の取組がありましたか？　これまでの学習を振り返りましょう。
C　警察官や地域やPTAの人たちだ。
T　どのようなものがありましたか？
C　ガードレールやカーブミラーがあった。

調べる　情報を集める・読み取る・考える・話し合う

板書のポイント

それぞれの立場がどのような働きをしているのかを板書し、立場による関わり方の違いに気付けるようにする。

T　誰のどのような取組だったのか、カードにまとめましょう。　◀**2**
C　警察官が交番でまちの人の相談にのったり、パトロールをしてきまりを守るようにしたりして、事件や事故を防いでいたりした。
C　地域には事故を防止するために、その場所で必要なものが設置され、危険な目に遭わないようになっていた。
C　地域やPTAの人々がつながり、安全なくらしになるようにしていた。

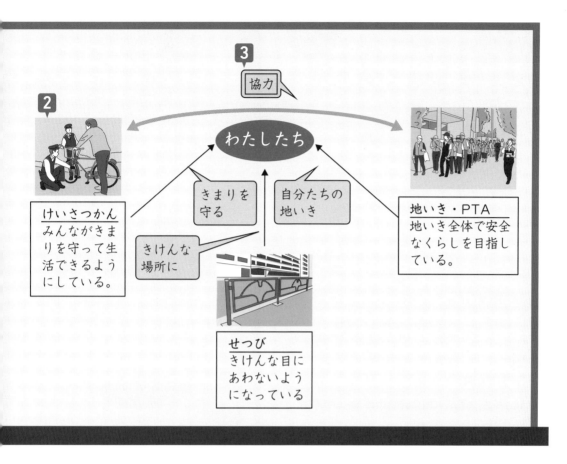

まとめる　整理する・生かす

板書のポイント

それぞれの立場が互いに協力するから安全に暮らせることを捉えられるようにするため、「協力」などのキーワードを色分けして板書する。

T　自分の生活とどうつながりますか？　**3**

C　警察官はきまりを守らない人が出ないようにしているので、安心してくらせる。

C　地域やPTAの人たちは、自分たちの地域だから警察官と協力して、ぼくたちの安全を守っている。

T　学習の考えをまとめましょう。　**4**

C　事件や事故からわたしたちの生活を守るために、警察官、地域やPTAの人たちがきまりを守るようにしたり、協力したりしている。

学習のまとめの例

〈ノートの記述例〉

・事件や事故からわたしたちの生活を守るために、警察官はみんながきまりを守るようにパトロールしたり、地域やPTAの人たちが自分たちでも地域が安全になるようパトロールしたりしています。

・事件や事故からわたしたちの生活を守るために、警察官だけではなく地域やPTAの人たちも協力して安全になるようにしています。火事からくらしを守るときの取組に似ています。

まとめる
整理する・生かす

地域の安全なくらしを守るために、自分たちには何ができるだろう

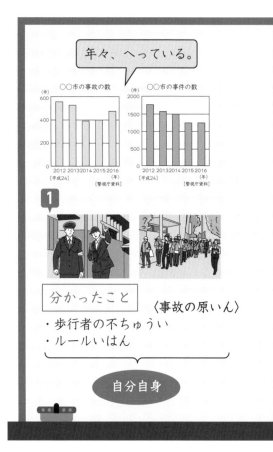

本時の目標

学習したことをもとに、地域や自分自身の安全を守るために自分たちにできることを考える。

本時の主な評価

警察や地域の人々の安全を守る取組を基に、自分たちに協力できることを考えようとしている【主②】

用意するもの

資料「事件や事故の発生件数の変化」、資料「事故の原因」

本時の展開 ▷▷▷

つかむ　出合う・問いをもつ

板書のポイント

事件・事故を防止することについて、事故にあってしまう当事者の意識も関わっていることを板書し、問題意識をもたせる。

＊「事件や事故の発生件数の変化」「事故の原因」を提示する。

T　事故の原因は何だと思いますか？　▰1

C　歩行者自身の不注意やルール違反も原因だ。

C　さらに安全なくらしにするためには、自分たちにもできることがあると思う。

＊本時のめあてを板書する。　▰2

調べる　情報を集める・読み取る・考える・話し合う

板書のポイント

発言を各立場に「協力できること」「自分たちができること」などに分類して板書し、社会への関わり方を選択・判断できるようにする。

T　これまでの学習を振り返ると、誰にどのような協力ができますか？　また、自分たちでもできることはありますか？　▰3

C　地域やPTAの人たちの取組をたくさんの人にポスターなどで伝えたい。もっとみんなで地域を安全にしようと思うから。

C　自分はちゃんと交通ルールを守ろうと思う。警察官や地域の人が安全になるようにしてくれているので、自分自身も気を付ければもっと安全になるから。

2

本時のめあて

地域の安全なくらしを守るために、自分たちには何ができるだろう。

3

話し合って考えたこと

○だれにどのような協力ができるか。
・地いきやPTAの人たちの取り組みをたくさんの人にポスターなどで伝える。
○自分たちにできること
・自分…ちゃんと交通ルールを守る。
→けいさつかんや地いきの人が安全になるようにしてくれているから。

「通学路にある危ない場所！」
みんなにも知ってもらえると、みんなで気をつけて生活できるから。

まとめる　整理する・生かす

板書のポイント

ポスターや標語を作ることで、どのようなことができるのかを板書し、自分の目的に合わせてどちらかを選べるようにする。

T　ポスターを作って自分の考えを伝えましょう。　**4**

C　「みなさん、交通ルールを守りましょう」
警察官や地域の人が協力しているので、自分自身もちゃんとルールを守って安全なくらしになるようにしてほしい。

C　「通学路にある危ない場所」
自分が気付いた危ない場所をみんなにも知ってもらえると、みんなで気を付けて生活することができると思った。

学習のまとめの例

〈振り返りの記述例〉
・わたしは自分たちのまちが安全になるように、「交通ルールを守りましょう」という呼びかけポスターをつくりました。まちにはガードレールなどがあったりけいさつかんや地域の人が見回ったりしていますが、一人一人がルールを守って事故に遭わないようにすることが大切です。
・わたしは、これからもちゃんと交通ルールを守ろうと思います。けいさつかんや地域の人たちががんばっているので自分ができることをがんばります。

4

市のうつりかわり

わたしたちの区の移りかわり

単元の目標

　新宿区の移り変わりについて、交通や公共施設、土地利用や人口、生活の道具などの時期による違いに着目して、聞き取り調査をしたり地図などの資料で調べたりし、年表などにまとめ、比較したり関連付けたりして変化を考え、表現することを通して、新宿区や人々の生活の様子は、時間の経過に伴い、移り変わってきたことを理解できるようにするとともに、主体的に学習問題を解決しようとしたり区民の一人として新宿区の発展を考えようとする態度を養う。

学習指導要領との関連　内容⑷「市の移り変わり」アの㋐㋑及びイの㋐

第1～4時	第5～8時
つかむ「出合う・問いをもつ」	調べる
〔第1時〕 ○新宿駅はどのように変わったのだろう。【知①】 ・新宿区ができたころ、東京オリンピックのころ、現在の様子を比べて気付いたことを発表し合う。 ★駅前の変化に着目する。	〔第5時〕 ○土地の使われ方はどのように変わってきたのだろう。　　　　　　　　　　　　　　【知①】 ・新宿区内の土地利用の変化について資料を使って調べ、区の様子の変化を捉える。 ★土地利用の違いに着目する。
〔第2時〕 ○人々のくらしについて考え、学習問題をつくろう。　　　　　　　　　　　　　　　【思①】 ・他の地域の様子やくらしの変化への気付きや疑問をもとに学習問題を設定する。 【学習問題】 　わたしたちの住んでいる新宿区の様子や人々のくらしは、どのように変わってきたのだろう。	〔第6時〕 ○公共施設はどのように変わってきたのだろう。　　　　　　　　　　　　　　　　【知①】 ・区の公共施設の様子や数の変化を捉える。 ★公共施設の違いに着目する。
〔第3時〕 ○学習問題を予想し学習計画を立てよう。【主①】 ・区の様子を予想し、調べることを考える。	〔第7時〕 ○住民の数は、どのように変わってきたのだろう。　　　　　　　　　　　　　　　　【知①】 ・人口の変化のグラフを使って調べ、区の様子の変化を捉える。 ★人口の違いに着目する。
〔第4時〕 ○交通はどう変わってきたのだろう。　【知①】 ・新宿区内の交通の変化について資料を使って調べ、区の様子の変化を捉える。 ★交通の違いに着目する。	〔第8時〕 ○区の様子のうつり変わりを年表に整理しよう。　　　　　　　　　　　　　　　　【知②】 ・区の変化や人々のくらしの変化の様子について調べたことを年表にまとめる。 ★区の様子の時期による違いを比較する。

単元の内容

　本単元は社会科の歴史的な内容を扱う最初の学習である。交通や公共施設、土地利用や人口、生活の道具などの時期による違いなどの視点から具体的に市や人々の生活の様子の変化を捉えさせる。変化の傾向を考え表現することを通して、市や人々の生活の様子は時間の経過に伴い移り変わってきたことを理解することが大切である。

　第1単元での市の様子の学習をもとに、時間の経過により変化して現在の市の様子につながっていることを捉えることが有効である。また、単元の終末では、市の発展やこれからの未来像を考える活動を設定し、将来を担う市民の一人としての自覚と愛情をもてるようにする。

　時期の区分では、昭和などの元号も用い、公共施設を取り上げる際には、租税の役割についても触れるようにしたい。

単元の評価

知識・技能	思考・判断・表現	主体的に学習に取り組む態度
①交通や公共施設、土地利用や人口、生活の道具などの時期による違いについて、聞き取り調査をしたり、地図などの資料で調べたりして、情報を集め読み取り、区や人々の生活の移り変わりの様子について理解している。 ②調べたことを年表などにまとめ、区や人々の生活の様子は、時間の経過に伴い、移り変わってきたことを理解している。	①交通や公共施設、土地利用や人口、生活の道具などの時期による違いに着目して問いを見いだし、区や人々の生活の移り変わりの様子を考え、表現している。 ②調べたことを相互に関連付けたり、区の様子の変化と人々の生活の様子の変化を結び付けたりして区全体の変化の傾向を考えたり、学習したことをもとに、区の発展を考えたりして、表現しようとしている。	①区の移り変わりについて、予想や学習計画を立て、学習を振り返ったり見直したりして、学習問題を追究し、解決しようとしている。 ②学んだことを基に、区の発展について区民の一人としての願いをもち、協力していこうとしている。

【知】：知識・技能　【思】：思考・判断・表現　【主】：主体的に学習に取り組む態度　○：めあて　・：学習活動　★：見方・考え方

第9〜12時	第13〜16時
「情報を集める・読み取る・考える・話し合う」	まとめる「整理する・生かす」
〔第9時〕 ○人々のくらしはどのように変わったのだろう。　　　　　　　　　　　　　　【主①】 ・洗濯板を使う体験を通して生まれた気付きや疑問を話し合う。 ・くらしのうつりかわりを調べる学習計画を振り返り見直しをする。 〔第10時〕 ○生活の道具はどのように変わってきたのだろう。　　　　　　　　　　　　　　【知①】 ・古い道具の変化について調べ、道具の変化について話し合う。 ★道具の違いに着目する。 〔第11・12時〕 ○人々のくらしはどのように変わってきたのだろう。　　　　　　　　　　　　　【知①】 ・歴史博物館を見学して、当時の生活の様子や道具の移り変わりを調べる。 ・当時の生活の様子を再現した動画等の資料をもとに調べ、くらしの変化について話し合う。 ★生活の様子の違いに着目する。	〔第13時〕 ○くらしのうつり変わりを年表に整理しよう。　　　　　　　　　　　　　　　　【知②】 ・くらしの変化について調べたことをまとめる。 ★くらしの様子の時期ごとの違いを比較する。 〔第14時〕 ○学習問題について自分の考えをまとめよう。　　　　　　　　　　　　　　　　　【思②】 ・まとめた年表をもとに自分の考えを記述する。 ★比較・関連付けて考える。 〔第15時〕 ○新宿区への願いは今と昔ではどのように違うのだろう。　　　　　　　　　　　　【思②】 ・区が誕生したころの区長の願いと現在の区の施策などから願いの変化について話し合う。 ★今と昔の願いを比較して考える。 〔第16時〕 ○新宿区はこれからどのようになっていくとよいのだろう。　　　　　　　　　　　【主②】 ・どのような区になってほしいか自分たちの願いを話し合う。 ・話し合いから区歌の続きを考え発表し合う。 ★学んだことをもとに新宿区の未来に着目する。

問題解決的な学習展開の工夫

単元の導入では、第1単元で学んだことを生かせるように構成する。例えば、第1単元で使用した区の地図を使ったり、現在の新宿駅前の様子と昔の新宿駅前の様子を比較したりしながら、駅周辺は、昔と今では違っていることが捉えられるようにする。さらに、様子が変わっているのは、駅周辺だけなのか、他の地域はどうかなど子供から疑問が生まれるようにしていく。

調べる段階では、視点ごとに調べるとともに、人々の生活の様子の変化に気付けるよう、当時の様子を地域の人に聞き取り調査をしたり、地域の博物館での調べ活動も取り入れたりしたい。

まとめる段階では、年表にまとめたことを考えることで区や人々の生活の様子の変化の傾向を捉えていく。さらに、学んだことを生かしながら、区の未来を考える学習を展開していく。

つかむ
出合う・問いをもつ

新宿駅はどのように変わったのだろう

本時の目標

区ができたころ（昭和22年）や東京オリンピックがあったころ（昭和39年）と、現在の新宿区の様子を比べて気付いたことを話し合うことを通して、駅前の様子が変わってきたことを理解する。

本時の主な評価

時期の異なる駅前の建物や人の様子について調べ、新宿駅周辺の変化について理解している【知①】

用意するもの

区ができた頃、東京オリンピックの頃、及び現在の資料、西新宿で遊ぶ子供たちの資料

本時のめあて	新宿駅はどのよ

2 昭和22年（1947年）ごろ
新宿区ができた（約70年前）

気づいたこと

・今とくらべると地面が見える。場所が多い。
・たて物が少ない。
・ひくいたて物が多い。

西新宿の空き地で野球する子供たち

本時の展開 ▷▷▷

つかむ　出合う・問いをもつ

板書のポイント

現在の駅前の写真を提示して地図で場所を確認し、1学期に行った「区の様子」の学習を想起して駅前の様子についての発言を板書する。

T　ここはどこだと思いますか？　**1**
C　西新宿？
T　そう、西新宿、新宿駅西口あたりです。以前「新宿区の様子」で学習したとき、この辺りは、どんな様子でしたか？
C　駅の近くは、高いビルがあって、会社や店が多かった。
C　駅の近くは、特に人が多かった。
C　少しはなれるとマンションや家がある住宅地だよ。

調べる　情報を集める・読み取る・考える・話し合う

板書のポイント

現在の資料と、過去の資料2枚を並べ、それぞれ比較し、その違いについて気付いたことを全体で共有できるように文章にまとめて板書する。

T　これは、新宿区ができた昭和22年、70年前頃の新宿駅西口あたりの写真です。今と比べて何が違うでしょう？　
C　今と比べると、テニスコートになっていて、土が見えるよ。
C　建物が少ないし、建物があっても低い。
T　このころは野球もできていたんですよ。次は、東京オリンピックの頃、55年前の新宿駅西口です。気付くことはありますか？　**3**
C　建物が増えて、高いビルもできている。

うに変わったのだろう。

3 昭和39年（1964年）ごろ
東京オリンピック（約55年前）

| 元号 | 明治　大正　昭和　平成　令和 |

1 現在（令和元年・2019年）

【昭和22年とくらべると】
・たて物がふえて、びっしりになって
きた。→こみ合っている。人がふえた？
・高いビルができた。
【今と比べると】・まだひくいたて物が多い。

【現在の様子】
・駅のまわりには、高そうビル
が多く、会社や店が多い。
・その周りは、マンションや家
などの住宅地だ。

4 学習のまとめ

新宿駅あたりは、どんどんたて物ができて、
高いビルがたって様子が変わってきた。

5 ふりかえり

・びっくりしたこと
・疑問に思ったこと

まとめる　整理する・生かす

板書のポイント

70年前、55年前、現在を比較し、どのようなこ
とが分かるのかを全体で確認する。その上で、
疑問やびっくりしたことを振り返らせる。

T　3つの資料を見比べてきましたが、どん
なことがいえますか？　　　　　　**4**
C　70年前からどんどん建物が増えてきた。
C　その建物は、どんどん高くなってきた。
C　建物がびっしりという感じになってきた。
C　70年前とは全然様子が違ってきた。
T　つまり「○○」ということですね（まとめ
る）。では、びっくりしたことや疑問に思っ
たことを振り返りに書きましょう。　**5**

学習のまとめの例

〈子供のノートの記述例〉

・新宿駅のまわりが70年間でこんな
に変わってきたとは思いませんでし
た。その間に、建物がたくさんでき
たのは、どうしてかな、と思いまし
た。

・野球もできるような空き地があった
場所だったのに今は建物がびっしり
です。70年でこんなに変わったか
ら、子供の遊びも変わったのかと思
いました。

・新宿駅の西口がこんなに変わったけ
ど、ほかの地域はどうかなと思いま
した。調べてみたいです。

つかむ
出合う・問いをもつ

人々のくらしについて考え、学習問題をつくろう

本時の目標
新宿区の他の地域の様子や人々のくらしの変化に気付き、疑問に思ったことをもとに学習問題を設定する。

本時の主な評価
交通や公共施設、土地利用や人口、生活の道具などの時期による違いに着目して問いを見いだし、区や人々の生活の移り変わりについて考え、表現している【思①】

用意するもの
新宿区戸塚・落合地区の資料（昭和33年と現在）、昭和33年ごろのくらしがわかる資料や再現映像、新宿区の地図（教室側面に常掲）

本時のめあて　人々のくらしにつ

気づいたこと

【昭和33年の戸塚・落合地区】
・畑が広がっている。
・そばに家がある。

【昭和30年ごろの家や店】
・一けん家・土の道路
・自動車が古い。・電信柱がある。

本時の展開 ▷▷▷

つかむ　出合う・問いをもつ

板書のポイント
前時を振り返り、新宿区のほかの地域はどうか、子供の遊びはどうかを今と比べる。その際に、現在と何が違うかが分かるように板書する。

T　これは、昭和33年、60年前の戸塚、落合地区の資料です。　🔳1

C　広い畑のそばに家がある。

T　これが現在の戸塚・落合地区の写真です。　🔳2

C　住宅地だ。道路も作られていて全然違うね。

T　では、昭和30年ごろの町の様子や遊びの様子が分かる当時を再現した映像を見てみましょう。　🔳3

＊その後、映像から気付いたことを発表する。

調べる　情報を集める・読み取る・考える・話し合う

板書のポイント
これまでの学習を振り返り、どのようなことを考えたのかを学級全体で共有する。子供の疑問を生かして学習問題につなげる。

T　他の地域の様子や、昔の人々のくらしを見てきて、どんなことを考えましたか？　🔳4

C　いろいろな場所も今と違うのかな。

C　畑があったなんてびっくりした。

C　子供の遊び、家も店も、くらしもちがう。

C　便利になったから変わったのかも。

T　では、みんなで話したことをもとに、疑問に思ったことや調べたいなと思ったことを書いてみましょう。

いて考え、学習問題をつくろう。

2

【今の戸塚・落合地区】
・道路が作られている。
・住宅地になっている。

【昭和30年ごろの子どもの様子】
・遊び→フラフープ、チャンバラ
・広場　　・洋服がちがう。
・土かん

4 話し合って考えたこと

・新宿区に畑があったとは思わなかった。
・いろいろな場所で今とちがうのかな。
・子供の遊びも今とちがう。
・家の様子、店の様子もちがうから、くらしもかなり
　ちがうのかもしれない。
・べん利になったから、くらしもかわったのかな。

5 ぎもん

? ほかにも畑はあったのかな。
　　　　→土地のへん化（区の様子）
? 車や道路、電車はかわってきたかな。
　　　　→交通のへん化（区の様子）
? 子どもの遊びや生活の様子はかわったのかな。
　　　　→くらしの様子のへん化

学習問題

わたしたちの住んでいる新宿区の様子や人々のくら
しは、どのように変わってきたのだろう。

まとめる　整理する・生かす

板書のポイント

子供の疑問を、大きく「新宿区の様子の変化」
「人々のくらしの変化」に分類することにより、
学習問題を設定する。

T　疑問に思ったことはありますか？　5
C　ほかにも畑はあるのかな。
C　畑から住宅地に変わったのはいつごろか。
C　車や道路、電車は変わってきたのか。
T　「土地の使われ方」と「交通のへん化」に
　ついて調べましたね。ほかにありますか？
C　子供の遊びやくらしの様子の変化も調べた
　いです。
T　「くらしの様子のへん化」ということです
　ね。

学習のまとめの例

〈子供のノートの記述例〉

・まちの様子がこんなに変わっている
　ことにびっくりしました。ほかにも
　変わっているものや場所をもっと知
　りたいです。

・今日、みんなで学習問題をつくりま
　した。わたしは、新宿区に畑があっ
　たなんてびっくりしたので、ほかに
　もあるのかと疑問を書きました。み
　んなで土地のへん化を調べることに
　なりました。楽しみです。

つかむ
出合う・問いをもつ

学習問題を予想し学習計画を立てよう

本時の目標

　区の様子をまとめた地図をもとに学習問題について予想するとともに、予想を分類して何を調べたらよいかを考え、学習計画を立てることができる。

本時の主な評価

　予想したり、調べることを話し合ったりすることを通して学習計画を立て、学習問題を追究しようとしている【主①】

用意するもの

　現在の新宿区の写真資料と地図

本時のめあて　学習問題を予想

ぎもん

? ほかにも畑はあったのかな。
　　→区の様子（土地使われ方）
? 車や道路、電車はかわってきたかな。　→区の様子（交通）
? 子供の遊びや生活の様子はかわったのかな。→くらしの様子

1 学習問題

わたしたちの住んでいる新宿区の様子や人々のくらしは、どのように変わってきたのだろう。

・〜がふえた。　・〜がへった。
・〜のようにかわってきた。

今の新宿駅西口の様子

本時の展開 ▷▷▷

つかむ　出合う・問いをもつ

板書のポイント

前時に作成した学習問題や子供の疑問は、カード化するなどして、すぐに振り返ることができるよう掲示しておく。子供の予想の手助けになる。

T　学習問題を確認しましょう。　**1**

＊学習問題を板書する。

T　2つのことがありましたね。1つは「①区の様子」の変わり方、そして「②人々のくらし」の変わり方です。この2つについて、それぞれどんな予想ができますか？

C　畑から住宅地に変わってきた。

T　①区の様子についての予想ですね。では、①、②に分けて予想を書いてみましょう。

調べる　情報を集める・読み取る・考える・話し合う

板書のポイント

予想を板書した後に、何を調べたらよいのかが分かるよう、見出しを付けるようにする。それが「調べること」につながっていく。

T　区の様子はどのように変わっていると思いますか？　**2**

C　地下鉄や電車の数が増えたと思う。

T　どうしてそう思いましたか？

C　たくさんの電車が新宿駅に集まっていたから。

T　似ている人はいますか？

C　道路がよくなったと思う。なぜかというと、昔は土だったから。

T　2つとも交通の変化に関係していますね。

し、学習計画を立てよう。

2 よそう

①新宿区の様子
・きっとビルができて、たてものが全体的にどんどん高くなってきた。
・畑はないからビルやマンションになったのでは？→土地の使われ方

・地下鉄や電車が増えたはず。
・道路がよくなった。（広さなど）
　　　　→交通
・人が増えたから、マンションなどの建物もふえた？　→人口

②人々のくらし
・まちが変わって、人々が増えたのかも。
・いろいろべん利になったから、人のくらしもかわった。→生活の道具
　　　　（車、交通、電気など）
・家もまちも変わってきたから、くらしもかわってきた。
　　　　→まちの様子と関係しそう？

3

昭和22年　新宿区ができたころの様子

話し合って考えたこと

・まえに公共しせつも調べたから、公共しせつも変わっているかも。→公共しせつ
・区の歴史博物館で、昔の家の様子が分かるから、行って調べたい。
・家族に聞いたら分かるかも。聞いてみたい。

4 学習計画

①新宿区の様子　➡　②くらしの様子

【調べること】交通、土地の使われ方、
　　　　　　　公共しせつ、人口、生活の道具

まとめる　整理する・生かす

板書のポイント

子供の予想をもとに、調べることや調べ方を考えさせる。その際、第1単元「区の様子」を振り返らせ、着目して調べることを明確にしていく。

T　どのように調べればよいか、決まりましたね。1学期の区の様子の学習と少し似ていますね。

C　前は、公共施設も調べたよ。学校や区役所の変わり方も調べなくていいのかな。

T　学校の数はどうなっていますか？　**3**

C　わたしたちの学校は、3校が集まって1つの学校になったよ。

T　では、学習計画には、公共施設も入れたほうがいいですね。　**4**

学習のまとめの例

〈子供のノートの記述例〉

・私は、きっとどこも高いビルやマンションなど建物がふえて新宿区は変わってきたと予想したので、土地の使われ方を調べると、かい決すると思いました。

・歴史博物館には、昔の家や昔の電車があります。行ってみたら分かるかもしれないと思いました。

・わたしは、子供の遊びが変わったのは、まちも変わってきて、おもちゃも便利になったからだと思います。おばあちゃんに昔のくらしの様子を聞いてみたいです。

調べる
情報を集める・読み取る・
考える・話し合う

交通はどう変わっ
てきたのだろう

本時の目標
新宿区内の交通の変化について地図などの資料を使って調べ、新宿区の交通の様子の変化を捉える。

本時の主な評価
交通の時期による違いについて地図などの資料から情報を集め読み取って調べ、新宿区の交通の移り変わりの様子を理解している【知①】

用意するもの
区ができた頃、東京オリンピックがあった頃、現在の地図、新宿駅や周辺の変化が分かる資料

本時のめあて　交通はどう変わ

2　昭和22年（1947年）ごろ
　新宿区ができた（約70年前）

・都電→道路に線路がある。
・バスが多い。
・通る車が少ない。

本時の展開 ▷▷▷

つかむ　出合う・問いをもつ

板書のポイント
第1単元で学習した現在の新宿区の交通の様子から想起させるようにする。現在と比べて、どう違うかを考えさせながら板書する。

T　今の新宿の交通の様子はどうですか？
C　たくさんの駅がある。数えたときに50以上あった。
C　たくさんの電車が通っている。
T　道路の様子はどうだったでしょう。
C　大きい道路がたくさん。
C　自動車も多い。
C　バス、タクシー、自家用車も走っている。
C　駅のまわりには、店や会社が多かった。
T　では、70年前はどうだったか考えましょう。

調べる　情報を集める・読み取る・考える・話し合う

板書のポイント
「現在と70年前との変化」「55年前と70年前との変化」「現在と55年前との変化」の順で子供が比べて読みとったことを板書する。

T　今と比べて昭和22年はどうですか？　2
C　地図を見ると線路が少ないです。
C　写真からバスが多く、駅のまわりは建物が少ない。
C　写真から道路に線路がある。都電？
T　昭和39年頃は、昭和22年と比べてどうですか？　3
C　地図から地下鉄などの線路が増えた。
C　トロリーバスというバスもあった。
C　高速道路もできた。

ってきたのだろう。

3 昭和39年（1964年）ごろ
東京オリンピック（約55年前）

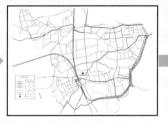

【昭和22年とくらべると】
・地下鉄など線路がふえてきた。
・トロ─リーバス
・高速道路ができた。
・新宿駅の建物がふえた。

1 令和元年（2019年）
現在

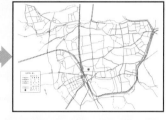

・新宿駅のまわりには、高いビ
ルが多く、会社や店が多い。
・ほかの駅も近くには店が集ま
っている。
・大通りは、車が多い。
・大通りぞいには、店が多い。

4 話し合って
考えたこと

・だんだん地下鉄や
バス、自動車など
乗り物がふえた。
・道路、線路、地
下鉄などが作られ
た。
・駅に人が集まるよ
うになった→店や
会社ができたので
は？

・駅のまわり、道路
のまわりなど新宿
区のまちの様子も
変わってきた。

5 学習のまとめ　電車や道路が作られてみんなが使うよう
になり、交通の様子が変わってきた。そして、新宿区の
まちの様子も変わってきた。

まとめる　整理する・生かす

板書のポイント

3つの時期の交通の様子の変化について考えた
ことを板書し、新宿区の様子の移り変わりのつ
ながりについて話し合ったことも加える。

T　3つの時期をまとめると、交通の様子は
どのように変わりましたか？　**4**

C　道路や線路が作られて、地下鉄、バス、自
家用車などの乗り物の種類も増えてきた。

C　駅に人が集まるようになったから、店や会
社が近くにできるようになったのかな。

T　それは、どういうことでしょう。

C　電車や道路ができて人が使うようになった
から、新宿区のまちの様子も変わってきた。

T　では、今日のまとめを書きましょう。　**5**

学習のまとめの例

〈子供のノートの記述例〉

・70年前と比べると、どこかに行く
ときにいろいろな乗り物をえらべる
ようになりました。また、大通りや
駅のまわりには店や会社ができたか
ら、新宿区の様子も変わりました。

・わたしは、道路に線路があって路面
電車が走っていたころがあったとは
知りませんでした。今は、地下鉄や
JR、バスなどいろいろあって、交
通の様子も変わってべん利になりま
した。駅や大通りに店が多いのは、
利用する人が使うから土地の使われ
方にも関係すると思います。

調べる
情報を集める・読み取る・
考える・話し合う

土地の使われ方は どのように変わっ てきたのだろう

本時の目標

新宿区内の土地利用の変化について、地図などの資料を使って調べ、新宿区の土地利用の様子の変化を捉える。

本時の主な評価

土地利用の時期による違いについて、地図などの資料で調べて情報を集め読み取り、新宿区の土地利用の移り変わりの様子を理解している【知①】

用意するもの

区ができた頃と、東京オリンピックがあった頃の土地利用図と写真、現在の土地利用図

| 本時のめあて | 土地の使われ方 |

2 昭和22年（1947年）ごろ 新宿区ができた（約70年前）

【今とくらべると】
・工場が多い地いきがいまより多い。
・畑があった。（落合）

戸塚・落合地いきの様子　戸山ハイツ

本時の展開 ▷▷▷▷

つかむ　出合う・問いをもつ

板書のポイント

第1単元で学習した現在の土地利用の様子から想起させるようにする。現在と比べてどう違うのかを考えさせ、気付いたことを板書していく。

T　今の新宿の土地の使われ方はどうなっていると思いますか？　

C　住宅地が多い。だって、学校があちこちにあるから、住んでいる人も多い。

C　大通りぞいは商店が多い。

C　工場が多い場所は、工場見学に行った江戸川小のあたりだ。

C　広い公園もある。

C　駅のまわりには、店や会社が多い。

T　次に、70年前と比べてみましょう。　**2**

調べる　情報を集める・読み取る・考える・話し合う

板書のポイント

「現在と70年前との変化」「55年前と70年前との変化」「現在と55年前との変化」の順で子供が比べて読みとったことを板書する。

T　今と比べて昭和22年はどうですか？　

C　地図を見ると工場が多い地域が今より多い。

C　写真から落合あたりには畑もあった。

T　昭和39年頃は、昭和22年と比べてどうですか？

C　地図から工場が多い地域が減った。

C　住宅地や店が多い地域に変わったみたいだ。

C　いくつかの場所に団地もできている。

はどのように変わってきたのだろう。

3 昭和39年（1964年）ごろ
東京オリンピック（約55年前）

1 令和元年（2019年）
現在

4 話し合って
考えたこと

【昭和22年とくらべると】
・工場がへってきた。
・そのかわり商店が多い地い
き、住宅地がふえた。
【今と比べると】
・まだ今よりは工場がある。

戸山アパート

・住宅地が多い。→近くに学校。
・店が多い地いきが多い。
・工場が多い地いきが少ない。
　→区の北がわ。
・広い公園もある。

・工場がだんだん減
ってきた。
・店が多い地いきや
住宅地に変わって
きた。
　→住む人やはたら
く人がふえた？

↓

・土地の使われ方が
変わり、新宿区の
まちの様子も変わ
ってきた。

5 学習のまとめ　工場がへったり、住宅地や店が多い地い
きに変わったりして、土地の使われ方が変わってきた。
そして、新宿区のまちの様子も変わってきた。

まとめる　整理する・生かす

板書のポイント

　3つの時期の土地利用の様子の変化について考
えたことを板書し、新宿区の様子の移り変わり
について話し合ったことも板書する。

T　3つの時期をまとめると、土地の使われ
方はどのように変わりましたか？　**4**

C　工場がだんだん減ってきて、住宅や店が
多い地域に変わった。

C　交通のところで学習したように、駅が増え
てきたから、その周りに店ができたと思う。

C　高い建物が多かったから、マンションが増
えて、住む人が多くなったのかも。　**5**

T　みんなで話し合ったことをもとに、自分の
まとめを書きましょう。

学習のまとめの例

〈子供のノートの記述例〉

・新宿区の土地の使われ方は、だんだ
ん工場がへってきて、そのかわりに
住宅地や店が多い地いきに変わった
ことが分かりました。土地の使われ
方が変わったからまちの様子も変
わってきたことが分かりました。

・新宿区は、工場がへってきて、住宅
地や店が多い地いきに変わってきま
した。もしかしたら、人がたくさん
すむようになったから、住宅地に
なっていったのかもしれません。ま
た、調べてみたいです。

調べる
情報を集める・読み取る・
考える・話し合う

公共施設はどのように変わってきたのだろう

本時の目標
　新宿区内の公共施設の変化について、地図などの資料を使って調べ、新宿区の公共移設の分布の変化を捉える。

本時の主な評価
　公共施設の分布の時期による違いについて、地図などの資料で調べて情報を集め読み取り、新宿区の公共施設の分布の移り変わりの様子を理解している【知①】

用意するもの
　区ができた頃と、東京オリンピックがあった頃の学校の分布地図と写真、現在の学校の分布地図

本時の展開 ▷▷▷▷

| 本時のめあて | 公共しせつはど |

2 昭和22年（1947年）ごろ
新宿区ができた（約70年前）

【今とくらべると】
・区役所の場所がちがう。
・小学校・・・28校
・中学校・・・9校

新宿区役所（昭和25年）

今の新宿区役所（平成30年）

つかむ　出合う・問いをもつ

板書のポイント
第1単元で学習した現在の公共施設の分布の様子から想起させるようにする。現在とどう違うのかを考えさせ、気付いたことを板書していく。

T　今の新宿区の公共施設の分布の様子はどうだったでしょう。　**1**
C　たくさんの学校がある。
C　小学校は29校、中学校は10校あるよ。
C　区役所は、新宿駅に近い歌舞伎町にある。
C　区役所は区民のために仕事をしていたよ。
C　スポーツセンターや文化センター、図書館など住んでいる人が使いやすいように区のあちこちに公共施設があった。
T　では、70年前はどうだったか考えます。

調べる　情報を集める・読み取る・考える・話し合う

板書のポイント
「現在と70年前との変化」「55年前と70年前との変化」「現在と55年前との変化」の順で子供が比べて読みとったことを板書する。

T　今と比べて昭和22年はどうですか？　**2**
C　地図を見ると区役所の場所が今と違うよ。
C　写真からも建物の様子が違うから違う場所に建て替えられたんだね。
C　小学校は28校、中学校は9校です。
T　昭和39年頃は、昭和22年頃と比べてどうですか？　**3**
C　地図から小学校も中学校も増えているよ。
C　今は学校が少なくなったということだね。

のように変わってきたのだろう。

3 昭和39年（1964年）ごろ
東京オリンピック（約55年前）

【昭和22年とくらべると】
・小学校→36校　ふえた
・中学校→15校
・区役所が今の場所にある。
【今と比べると】
・今よりも学校が多い。

四谷第一小学校（昭和22年）

新宿区立四谷小学校（平成30年）

1 令和元年（2019年）
現在

【現在の様子】
・住宅地には学校があった。
・小学校→29校　中学校→10校
・新宿駅の近くに区役所がある。
・図書館などが住む人のために
　近くにある。

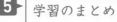
5 学習のまとめ　公共しせつは土地の使われ方
や交通の様子も変わり、作りかえられることもあっ
た。そして、新宿区のまちの様子も変わってきた。

4 話し合って
考えたこと

・学校はふえて、へっ
　ている。→住む人や
　子どもの数が変わっ
　た？
・区役所は作りかえら
　れていた。なぜ？
・区役所は新宿駅に近
　くなった。

学校や区役所は作りか
えられている。
新宿区のまちの様子も
変わってきた。

まとめる　整理する・生かす

板書のポイント

　3つの時期の公共施設の変化について考えたこ
とを板書し、新宿区の様子の移り変わりのつな
がりについて話し合ったことを加えて板書する。

T　公共施設の様子はどうですか？　**4**
C　学校は東京オリンピックの頃に増えて、そ
　の後に減ってきた。
C　住む人や子供が増えたからだと思う。
C　区役所は違う場所に建て替えられた。
C　駅に近いほうが便利だということなのかな。
C　店も会社も区役所も駅の近くにある。交通
　が便利だとみんなが来やすいよ。
T　では、自分のまとめを書きましょう。　**5**

学習のまとめの例

〈子供のノートの記述例〉
・新宿区の学校は、東京オリンピック
　のころにはふえて、今は少しへりま
　した。住む人や子供の数がへったの
　かなと思いました。人口のことも調
　べて、早くたしかめてみたいです。
・区役所はもともとあった場所からう
　つって、新しくたてかえられたこと
　が分かりました。新宿駅のそばにた
　てて、みんなが集まりやすい場所に
　したのかなと思いました。

調べる
情報を集める・読み取る・
考える・話し合う

住民の数は、どのように変わってきたのだろう

本時の目標

新宿区の人口の変化について棒グラフなど資料を使って調べ、新宿区の人口の移り変わりを捉える。

本時の主な評価

人口の時期による違いについて、グラフなどの資料から情報を読み取り、人口の移り変わりの様子を理解している【知①】

用意するもの

区ができた頃、東京オリンピックがあった頃、現在の人口を表した棒グラフ、新宿区の人口推移グラフ、区の様子の資料

本時の展開 ▷▷▷

つかむ　出合う・問いをもつ

板書のポイント
棒グラフを掲示して新宿区の大まかな人口の変化について発言したことを板書し、もっと詳しいグラフの必要性に気付かせる。

T　新宿区に住んでいる人の数のことを「人口」と言います。3つの時期を比べて見てみましょう。どんなことが分かりますか？ ◀**1**

C　55年前のほうが人口が多い。

C　多いほうから、55年前、現在、70年前の順です。

C　いつから減ったのか知りたい。

C　どうして減ったのか知りたい。

T　3つのグラフの間がどうなっているか見ていきましょう。

調べる　情報を集める・読み取る・考える・話し合う

板書のポイント
新宿区の人口の増減が分かるグラフを掲示し、人口の増減を矢印で表して傾きを捉えさせ、年表を使って区の出来事を調べる。

T　一番人口が急にふえた時期はいつですか？

C　東京オリンピックの頃だ。

T　ほかにどんなことが分かりますか？

C　平成7年が一番人口が少なくて、27万人。

C　それからだんだん増えてきて、今は、34万人だ。

C　もしかしたら、マンションや住宅地がふえたのかな。

本時のめあて 住民の数は、ど

1 新宿区の人口の変化①

（万人）
人口（人）
55年前
413910
現在
342297
70年前
246373

新宿区ができたころ 昭和25年　東京オリンピックがあったころ 昭和41年　今 平成30年

気づいたこと

・今とくらべると東京オリンピックころのほうが人口が多い。
・新宿区ができたころからふえてきたけれど、どこかでへった時期もある。

わたしたちの区の移りかわり

のように変わってきたのだろう。

新宿区の人口の変化②

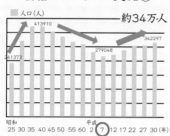

約34万人
413910
241373
279048
342297

人口(人)

昭和 25 30 35 40 45 50 55 60 平成(7) 12 17 22 27 30(年)

2
・昭和40年が一番人口が多い。
・オリンピックのころに、きゅうにふえた。
・平成7年が一番少ない。
・そこからまたふえてきた。（少しずつ）
　→約34万人
マンションや住宅地が増えた？

新宿区の外国人の人口の変化

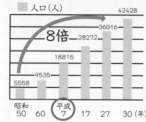

8倍
42428
36016
28272
18815
9535
5558

人口(人)

昭和 50 60 平成7 17 27 30(年)

3
・外国から来た人がふえた。
・今は、昭和50年の8倍。
・9人に1人ぐらいが外国人

　↓

だから、外国の料理の店が多い。
　　　（とくに新大久保）
スーパーマーケットでも外国の品物が
よく売れていた。
区役所には通やくの人がいた。

4
学習のまとめ

人口はオリンピックのころまでに急にふえて、一度へったけれどまたふえてきた。外国人もふえてきた。人や住宅地、学校もふえて新宿区のまちの様子も変わってきた。

まとめる　整理する・生かす

板書のポイント

人口の増加には、外国から移り住む人々も関係することに気付けるように板書する。

T　新宿区の外国人の数を示したグラフを見てみましょう。　**3**

C　平成7年には2万人近くになったね。

T　昭和60年と比べると？

C　10年間で2倍だね。

T　計算してみると、43年間で約8倍になっていますね。そして、今は、新宿区民の9人に1人ぐらいが、外国人の住民です。

C　だから人口もだんだんふえてきたのか。

T　今日のまとめを書きましょう。　**4**

学習のまとめの例

〈子供のノートの記述例〉

・新宿区の人口は、東京オリンピックのころにはふえて、今は少しへりました。前の時間のときに、住む人や子どもの数がへったから、学校の数が減ったと考えたことは、当たっていたと思いました。

・新宿区の人口は、一度減ったけれど、今またどんどん増えています。外国からきて住む人は、40年前の8倍だそうです。すごくふえています。社会科見学のときに、区役所に通訳の人がいたのは、だからなのかと思いました。

調べる
情報を集める・読み取る・
考える・話し合う

区の様子のうつり
変わりを年表に整
理しよう

本時の目標

　これまで調べてきたことを年表にまとめ、新宿区の変化の様子を理解する。

本時の主な評価

　時期ごとの新宿の様子を比較し、変化の傾向を考え、新宿区が移り変わってきたことを理解している【知②】

用意するもの

　区ができた頃、東京オリンピックがあった頃、現在の写真、年表（ワークシート）、新宿区の年表の拡大（副読本）

本時のめあて	区の様子のうつ

1　昭和

新宿区ができたころ

新宿区のうつりかわり	交通	都電やバスが使われ、道路を通る自動車は少ない。
	土地利用	田んぼや畑はほとんどなくて、住たく地が広がっていて、新宿駅のまわりにはお店が広がっていた。工場が多い。
	公共しせつ	区役所がちがう場所にあって、小学校は28校で、中学校は9校だった。
	人口	人口は24万人で、だんだん人口がふえていった。

昭和22年ごろの新宿駅西口の様子

新宿区は、

本時の展開 ▷▷▷

つかむ　出合う・問いをもつ

板書のポイント

　これまで学習した内容の記入の仕方を確認する。土地利用など具体的な項目を全体で考え、自分で整理できるよう見通しをもたせる。

T　新宿区ができたころの土地利用の様子はどうでしたか？　　　　　　　　**1**

C　田んぼや畑は新宿区でも一部しかない。

C　新宿駅の周りには店がたくさんあった。

C　住む人がふえ住宅がたくさんできて、住宅地が広がってきた。

T　まとめると、「田んぼや畑はあまりない、住宅地が広がっている、新宿駅のまわりにはお店が広がった」ということですね。

調べる　情報を集める・読み取る・考える・話し合う

板書のポイント

　年表に整理する活動を確保した上で、学級全体で、交通、公共施設、人口の順に発表させ、年表の中の３つの時期ごとに分けて記入する。

T　東京オリンピックのころの公共施設はどうでしたか？　　　　　　　　**2**

C　自動車がふえ、都電がへり、地下鉄が広がっていった。

T　ほかに付け足すことはありますか？

C　わたしは、高速道路ができたことも書いた。

T　書いた人は、どれぐらいいますか？　もし、書いていなければ、友達の意見として、青で書き加えましょう。

り変わりを年表に整理しよう。

2 昭　和	平　成
オリンピックがあったころ	いま
自動車がふえ、都電がへり、地下鉄が発達して、広がってきた。高速道路ができた。	さらに地下鉄や自動車がふえ、道路、路線、駅などが広がってきた。
工場がへり、かわりに商店が多い地いきや住たく地がふえた。	工場はもっとへり、店が多い地いきや住宅地にかわってきた。
学校は以前よりふえて、今とくらべても多かった。区役所が今の場所にうつった。	学校は今は少しへって、小学校29校、中学校10校。住たく地に学校や図書館がある。
このころが一番多い（41万人）。オリンピックのころにきゅうにふえた。	今は、人口34万人で、外国から来た人もふえて4万人いる。
昭和39年ごろの新宿駅西口の様子	今の新宿駅西口の様子

3 年表を横に見て分かったこと

➡ 路面電車から自動車、地下鉄へと変わった。

➡ 昔から住宅地が多く工場がへり商業地が増えた。

➡ 学校は一度増えたけど、最近になってへった。

➡ 人口も一度増えたけど、だんだんへり、最近ではまた増えている。

4 年表から分かること

新宿区ができて、
東京オリンピック、
地下鉄の
　駅ができたこと など
住む人がふえたことで
新宿区の様子は、
大きく変わってきた。

まとめる　整理する・生かす

板書のポイント

すべての項目を記入したところで、年表を横に見て、全体としてどのように変わったのかを考えられるよう工夫して板書する。

T　新宿区の「交通」「土地利用」「公共施設」「人口」を横に見て変わり方を考えましょう。**3**

C　オリンピックなどの世の中の出来事や、多くの人が住むようになったことで、まちの様子も変わってきたのだと思う。

C　電車の駅がたくさんできて交通の便もよくなったから、住みたいと思ったのだと思う。

C　学校は一度増えているけど最近は減った。

T　新宿区はどのように変わってきたのか、年表から分かったことをまとめましょう。**4**

学習のまとめの例

〈子供のノートの記述例〉

・新宿区ができてから、東京オリンピックなどの出来事や、地下鉄の駅ができたことで、住む人ががふえたから、まちの様子も変わってきたのではないかと思います。これからもどんどん変わっていくのかもしれないと思いました。楽しみです。

・わたしは、年表を書いて、昔から今までの新宿区の様子は、大きく変わってきたと思いました。建物が高くなって人もたくさん住めるようになったから、人も増えてきて、まちの様子も変わってきたと思います。

調べる
情報を集める・読み取る・
考える・話し合う

人々のくらしはど
のように変わった
のだろう

本時の目標
洗濯板を使う体験を通して、気付いたことを話し合い、くらしの変化について調べる計画を立てる。

本時の主な評価
道具の変化について調べ、学習計画を見直している【主①】

用意するもの
洗濯板、洗濯板の使い方カード

本時のめあて 人々のくらしはど

1 学習問題

わたしたちの住んでいる新宿区の様子や人々のくらしは、どのように変わってきたのだろう。

よそう

・電気の力でくらしもまちも明るくなった。
・人の手からきかいに変わってべんりになった。

2

【古くからある道具や物】（知っているもの）
きもの　ぞうり　げた　そろばん
おび　こま　たび　ざぶとん
ろうそく　洗たく板

本時の展開 ▷▷▷

つかむ　出合う・問いをもつ

板書のポイント
学習問題の解決へ向けて見通しをもたせる。子供が古い道具を知っているかを確認し、それはどんなものなのかを共有できる板書にする。

T　これまでの学習を振り返り、わたしたちのくらしの変化について考えましょう。　◀**1**
C　電気が広まったことで、くらしも便利になった。まちも明るくなった。
C　人が手でやっていたことを、機械が代わりにやるようになって、楽にできるようになった。
T　今もある古い道具にはどんなものがありますか？
C　ろうそく、そろばん、げたです。　◀**2**

調べる　情報を集める・読み取る・考える・話し合う

板書のポイント
洗濯板の使い方カードを見て洗たく板での洗たくの仕方を確認し、洗濯体験して気付いたことを板書にまとめる。

T　洗濯板を使って洗濯してみましょう。　◀**3**
＊洗濯板による体験活動を行う。
T　何か気付いたことはありますか？　◀**4**
C　水が冷たかったから大変だと思った。
C　絞り方が足りなかったから、水がたれてきた。
C　洗濯機はスイッチ一つだから、やっぱり楽だなぁと思った。
C　でも、ギザギザのところでこすると汚れがよく落ちた。昔の人はすごいと思う。

のように変わったのだろう。

3 洗たく板を使ってみよう

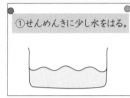
①せんめんきに少し水をはる。

②せんたく板をななめにおく。
あらうものをぬらす

③あらうものをおき、石けんをこすりつける

④もみ出すようにしてあらう。

⑤よごれがおちたらよくすいでしぼる。

4 気づいたこと

・水が冷たい。
・しぼっても水がたれる。
・洗たくきは、やっぱり楽。
・ギザギザでこすると、よごれがよく
　落ちる。→知恵がすごい！

5 調べる計画

・生活の道具を調べる（古い道具を使ってみ
　る）。
・おばあちゃんやおじいちゃんに聞いてみる。
・古くから使われている道具が家にあるかどう
　かをたしかめる。
・歴史博物館に行って当時の様子を調べる。

6 ふりかえり

・古い道具は大変だけど、知恵がすごかった。
・家に古い道具があるか調べたい。
・おばあちゃんちにある道具について聞いてみたい。

まとめる　整理する・生かす

板書のポイント

体験したことも生かし、道具の変化をどのよう
に調べたら解決できそうかを学級全体で話し合
い、板書で整理する。

T　今回はどうやって調べますか？　**5**
C　洗たく板を使ってみて、いろいろ昔の人の
　気持ちが分かったから、ほかの道具も使って
　みたい。
C　使っていたおばあちゃんやおじいちゃんな
　どにどうだったか聞いてみたい。
C　おばあちゃんちや自分の家に古い道具があ
　るか聞いてきたい。
C　歴史博物館には、昔の家や道具があるよ。
T　振り返りをノートに書きましょう。　**6**

学習のまとめの例

〈子供のノートの記述例〉

・今日、洗たく板を使ってみました。
　思ったより楽しくて、よごれが落ち
　ると思ったけれど、毎日、家族の分
　も洗うとしたら、大変だと思いまし
　た。古い道具が家やおばあちゃんの
　家にあるかも調べてみたいです。
・洗たく板を使ってみたら、ギザギザ
　の部分がよごれをおとすためにくふ
　うされていると分かりました。Aく
　んが知恵がすごいと言っていたけれ
　ど、そのとおりだと思いました。歴
　史博物館にも古い道具があるので、
　家の様子も調べに行きたいです。

調べる
情報を集める・読み取る・
考える・話し合う

生活の道具はどのように変わってきたのだろう

本時の目標
生活の道具について、聞き取り調査や資料を使って調べる。また、その写真資料を並び替え、生活の道具の変化を理解する。

本時の主な評価
生活の道具の違いについて、聞き取り調査や資料から情報を集め、読み取って調べ、生活の道具の変化を理解している【知①】

用意するもの
道具年表（ワークシート）、道具の変化の写真（明かり、洗濯機）、実物（洗たく板、七輪など）、現在の様子の写真や絵

本時のめあて 生活の道具はど

1

明かり

洗たく

2 気づいたこと

【昔の道具】
・昔は、ランプ。火を使っていた。
　火事のきけんがあった。
・昔は洗たくにかなり力、時間を使っていた。
・昔の道具にもよいところがある。
　（キャンプ、電気が使えないときなど）

本時の展開 ▷▷▷

つかむ　出合う・問いをもつ

板書のポイント
子供用ワークシートに貼り付けるものと同じ道具の変化が分かる写真の拡大版を準備しておき、黒板やICT機器で確認しながら並べ替える。

T　明かりや洗たく機はどのように変わってきたか考えましょう。　**1**
C　簡単だよ。
C　これは、なんだろう？
T　Aさんは明かりを、Bさんは洗たくの道具を古い順に並べてみましょう。
＊ワークシートに写真を貼る。
T　道具の変化について、今と昔とで何か違いはありますか？　気付いたことを書きましょう。　**2**

調べる　情報を集める・読み取る・考える・話し合う

板書のポイント
明かりの変化、洗濯機の変化を時期ごとに並べ、昔と今でどんな変化が見られるのかに気付けるように板書する。

T　明かりは、ランプから蛍光灯に明かりは変わりました。どんな違いがありますか？　**3**
C　昔は火だったから、火事になったかも。
C　今は、安全。その中でも、明るさが変えられるよ。
T　洗たく機の場合はどうでしょう。
C　昔はかなり力を使っていたと思う。
C　みんなの分を洗たくすると時間もかかった。
C　今は、スイッチで、電気の力。全自動。

のように変わってきたのだろう。

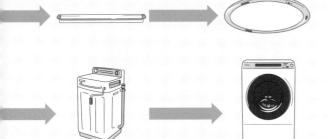

5

【昔とくらべると】
・とてもべんり。楽になった。
・電気の力が大きい。
・時間がかからなくなった。

【もしも電気がなかったら…】
・生活できないことも多そう。
・電化せい品ばかり。
・てい電になったら、大へん。

3 【今の道具】
・今は、安全な中で明るさを変えられる。
・ちょっとずつ力を使わなくなってきている。
・電気の力　・今はスイッチ、全自動。

4 学習のまとめ

生活の道具は、昔にくらべ、電気の力をつかうので人の力を使うことが少なく、楽になったり便利になったりしてきた。道具が変化すると家事がへり仕事に出かけるようになった。

まとめる　整理する・生かす

板書のポイント

生活の様子について、昔とくらべて、今はどのようなよさがあるのかを考える。もし、電気がなかったら何が起こりそうかについても考える。

T　昔と比べると、今はどんな生活ですか？
　　　　　　　　　　　　　　　　　4
C　掃除もご飯炊きも自動でやっている。
C　電気の力が大きくくらしを便利にした。
C　時間がかからなくなって、家事以外のこともできるようになった。
T　もし電気がなくなったらどうなりますか？
C　電気製品ばかりだからかなり苦労しそう。
T　道具が変わると生活もずいぶん変わりますね。

学習のまとめの例

〈子供のノートの記述〉
・生活の道具は、昔にくらべると、電気の力をつかうことで、人の力が少なく楽になって、便利になってきました。今は、もし電気がなかったら、生活できないかもしれないな、と思いました。
・生活の道具は、便利で安全になってきて、わたしたちは、時間をかけずにいろいろなことができるようになりました。電気がなくなったら、かなり大変そうだなと思ったけど、Aくんが言ったように、古いもののよさもあるなと思いました。

調べる
情報を集める・読み取る・
考える・話し合う

人々のくらしは
どのように変わって
きたのだろう

本時の目標
　人々の生活の変化について、写真や再現映像、地域の博物館の見学などで調べ、生活の様子の変化を捉える。

本時の主な評価
　生活の様子の違いについて、道具などの変化に着目して各種資料で調べ、情報を集め、読み取り、人々の生活の移り変わりの様子について理解している【知①】

用意するもの
　歴史博物館の昔のくらしを再現した展示資料、当時を再現した映像や写真、現在のくらしの絵

本時の展開　▷▷▷

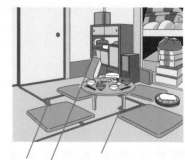

本時のめあて　人々のくらしはど

1【戦後の家の様子】

・たたみ　　・ちゃぶ台
・茶だんす　・ざぶとん
・ふすま→ざい料は木や紙、い草
　　　　　　　　　　　　　　　など

【聞いてきたこと】
・フラフープで遊んだ。（おばあちゃん）
・七輪で魚を焼いていた。
・お風呂は木をもやしてわかしていた。
　　　　　　　　　　　　　（おじいちゃん）

つかむ　出合う・問いをもつ

板書のポイント
博物館の展示資料から、使われている古い道具の名称やその頃のくらしの様子が全体で共有できるように板書する。

T　歴史博物館で見付けた古くからある道具やものを発表しましょう。　　　　　　　**◀1**

C　たたみ、茶だんす、ざぶとん、ふすま…。

T　おじいちゃんやおばあちゃんにも聞き取りをしてきたことを発表しましょう。

C　おばあちゃんは、子どもの頃にフラフープで遊んだって言ってた。

C　七輪で、外で魚を焼いていたそうだよ。

T　七輪は、今だと何でしょう?

C　ガスコンロ。IHクッキングヒーターかな。

調べる　情報を集める・読み取る・考える・話し合う

板書のポイント
東京オリンピックの頃の生活の様子を再現した映像を見て、気付いたことや考えたことを学級全体で共有できるように板書する。

T　どんなふうに使っていたか、東京オリンピックの頃のくらしを再現した映像を見てみましょう。　　　　　　　　　　　　　　**▶2**

＊短い映像を視聴する。

C　テレビにたくさんの人が集まっているよ。

C　当時は、めずらしかったんだね。

C　みんな集まって一緒にテレビを見て楽しそうだよ。

T　当時はなかなか買えない値段だったのですね。今はどうなっているでしょう。

のように変わってきたのだろう。

2 【昭和39年ごろ】

【昔の映像】
・みんなでテレビ（はこがた）→みんなめずらしい。
・せんぷうきで子供があそんでいる。

【令和元年ごろ】

3 【現在の様子】
・テレビ→うすがた　部屋に1台
・エアコン　・ソファー　・フローリング（床）
・LEDしょう明　・インターネット

> もっと使っていた人に聞いてみたい。
> 使ってみたい。

4 学習のまとめ

新宿区ができたころからオリンピックのころは、電化せい品が広まったころで、みんなが便利なものを使いはじめたころ。今は、インターネットもあり、わたしたちのくらしは、もっと便利になった。

まとめる　整理する・生かす

板書のポイント
今と昔のくらしの様子を対比させることにより、今では見かけられなくなったことや、昔の道具が変化している様子に気付くように板書する。

T　今のくらしと比べると東京オリンピックの頃は、どんな様子ですか？　**3**

C　電化製品が広がってきた。

C　テレビは珍しいから、みんなが白黒でもいっしょに見て楽しんでいた。

C　便利になりはじめたころだと思う。

T　では、今とくらべながら、当時のくらしの様子についてまとめましょう。　**4**

学習のまとめの例

〈子供のノートの記述例〉
・歴史博物館に行ったら、当時の映像が流れていて、路面電車に乗る人や買い物する人の様子が分かりました。テレビは、映像が白黒でもみんなが楽しみにするぐらい、すごいことだと分かりました。今は、インターネットも広がり、もっと便利になりました。
・新宿区ができたころからオリンピックのころまでは、電化製品が少しずつ広まったころで、みんなが使ったり、便利になりはじめたりしたころだということが分かりました。

まとめる
整理する・生かす

くらしのうつり変わりを年表に整理しよう

本時の目標

　調べたことを年表に整理し、時期ごとの様子を比較することを通して、道具やくらしの変化について理解する。

本時の主な評価

　時期ごとの道具やくらしの様子を年表に整理して比べることで、道具やくらしの変化の様子を理解している【知②】

用意するもの

　区の移り変わりをまとめた年表、調べたことをまとめた道具カード

本時のめあて	くらしのうつり変

		昭　和
新宿区のうつりかわり	交通	都電やバスが使われ、道路を通る自動車は少ない。
	土地利用	田んぼや畑はほとんどなくて、住たく地が広がっていて、新宿駅のまわりにはお店が広がっていた。工場が多い。
	公共しせつ	区役所がちがう場所にあって、小学校は○校で、中学校は○校だった。
	人口	人口は24万人で、だんだん人口がふえていった。

新宿区ができたころ

1 道具のうつりかわり

羽がま
火の世話が大へん

はたき　ほうき
人の手で。たたみの方向に動かす。

2 焼け野原から変わりはじめた。
・人の知恵や力にたよる道具があった。
・みんなで協力してくらしていた。
・家族ですごすことが多い。
・子供も家の外であそんでいた。

本時の展開 ▷▷▷▷

つかむ　出合う・問いをもつ

板書のポイント
年表で当時の道具の特徴やその道具の移り変わりを時代ごとに捉えることができるよう、子供のワークシートに対応して板書する。

T　道具カードを道具の移り変わりに合わせてワークシートに貼りましょう。貼り終えたら、それぞれの道具の不便さや便利さについて記入しましょう。例えば、羽釜だったらどうですか？　**1**
C　火の世話が大変だった。
C　炊き方で失敗も多かったと思う。
T　このように当時の人のことを考えてカードの下に説明を書いてみましょう。

調べる　情報を集める・読み取る・考える・話し合う

板書のポイント
年表を縦に見て、上段の新宿区の様子を確認しながら、下段の道具の変化によって人々のくらしがどう変化したのかを板書する。

T　70年前の新宿区ができたころのまちの様子はどのような様子だと言えますか？　**2**
C　新宿区のまちの様子が大きく変わってきたころだと思う。
C　人口も大きく増えている。
T　くらしの様子はどうでしょう。
C　手間がかかったから、みんなで協力してくらしていた時期だと思う。
T　では、オリンピックのころについても考えてみましょう。

わりを年表に整理しよう。

昭和		平成	
オリンピックがあったころ		いま	
自動車がふえ、都電がへり、地下鉄が発達して、広がってきた。高速道路ができた。		さらに地下鉄や自動車がふえ、道路、路線、駅などが広がってきた。	
工場がへり、かわりに商店が多い地いきや住たく地がふえた。		工場はもっとへり、店が多い地いきや住宅地にかわってきた。	
学校は以前よりふえて、今とくらべても多かった。区役所が今の場所にうつった。		学校は今は少しへって、小学校〇校、中学校〇校。住たく地に学校や図書館がある。	
このころが一番多い（41万人）。オリンピックのころにきゅうにふえた。		今は、人口34万人で、外国から来た人もふえて4万人いる。	
電気すいはんき	電気そうじき	IHすいはんき	ロボットそうじき
電気だから、安全。失ぱいもあった。	人が動かす。細かいゴミも。	食べたいときに。おいしく。	人がいないときでも自動で。

オリンピックがあり、道やまちが大きく変わった。
・電気やガスの力で道具が、人を助けるようになった。
・つうきんする人がふえた。

たて物が高くなり、まちの様子も変わってきた。
・人の力を使わない自動の道具があふれている。
・テレビやゲームであそぶ。

3 年表を横に見て分かったこと

新宿区の様子はこの70年間で大きく変わった。
　（交通、人口、土地利用など）
・家やまちの様子も大きく変わった。
・道具も電気で動くものや自動になり便利になった。

みんなが住みやすく、くらしやすい新宿区へ

4 学習のまとめ

新宿区は70年の間に大きく変わってきました。その間のくらしは……

まとめる　整理する・生かす

板書のポイント

年表の完成後、70年間の新宿区の変化や道具の変化によるくらしの変化について、年表を横に見て全体で話し合い、ポイントを板書する。

T　この70年間で新宿区はどのように変わってきましたか？　**3**

C　駅が増え、高層マンションができ、まちの様子が大きく変わった。外国の人も住むようになり、人口も増えている。

T　くらしの様子はどうですか？

C　道具が便利になって、忙しくても多くのことができるようになってくらしやすくなった。

T　区の様子の変化とつなげて、くらしはどう変化したかまとめましょう。　**4**

学習のまとめの例

〈子供のノートの記述例〉

・新宿区は、この70年間でまちの様子が大きく変わりました。地下鉄が広がり、駅がふえて駅前の土地利用が変わったり、人口も増え、住宅地もふえました。

・高いビルが新宿駅周辺にはたくさん立ち、まちの様子が変わるにつれて、家の様子や生活の道具も変わってきて、くらしはどんどん楽になり、便利になりました。忙しくても、いろいろな仕事ができたり、その間に違うことができたりするほど、くらしやすい世の中になりました。

まとめる
整理する・生かす

学習問題について
自分の考えをまと
めよう

本時の目標

　学習問題について調べて年表に整理したこと
をもとに、学習問題について考えをまとめる。

本時の主な評価

　調べたことを相互に関連付けたり、区の様子
の変化と人々の生活の様子の変化を結び付けた
りして区全体の変化の傾向を考え、適切に表現
している【思②】

用意するもの

　調べたことをまとめた年表、大新宿区の歌の
歌詞

本時のめあて　**学習問題につい**

1　学習問題

わたしたちの住んでいる新宿区の
様子や人々のくらしは、どのよう
に変わってきたのだろう。

2　考えをまとめるときのポイント

【分かったこと】
①新宿区の様子は、どのように変わ
　ってきたか。
②人々の生活は、どのように変わっ
　てきたか。

【学習をふりかえって】
③学習してきた中で考えたこと。
　（例）すごいと思ったこと。
　　　　自分の予想とくらべてうま
　　　　く調べられたこと。　　など

本時の展開 ▷▷▷

つかむ　出合う・問いをもつ

板書のポイント

前時を受けて、「どんなことが分かった」のかを
調べる中で自分が考えたことをノートに書ける
よう、ポイントを板書する。

Ｔ　前回の続きで学習問題について自分の考え
　や、調べていく中で自分が考えたことをノー
　トにまとめましょう。学習の中でうまく調べ
　られたと思ったことはありましたか？　◀**1**
Ｃ　おばあちゃんの家に行ったときに、昔の道
　具を見せてもらえてよかった。自分で調べら
　れた。
Ｔ　分かったことを書いた後に、調べ方を振り
　返ることもよいですね。今日は、振り返りを
　大切にして書きましょう。　◀**2**

調べる　情報を集める・読み取る・考える・話し合う

板書のポイント

考えを記述した後に、学級全体で伝え合う時間
を確保し、記述を書き加える手助けとなるよう
子供の発言のキーワードを板書する。

Ｔ　自分のまとめを発表しましょう。　◀**3**
Ｃ　新宿区はこの70年ぐらいで住宅地や商業
　地が増えて都会になった。
Ｃ　やっぱりまちもくらしも便利になってきた
　なと思った。
Ｔ　便利ってどういうことなのでしょう。
Ｃ　道具や家が変わって家事に時間がかからな
　くなったので、ついでに違うことができる。
Ｔ　つまり、新宿はどのように変わったと言え
　るかノートに書き話し合いましょう。　◀**4**

て自分の考えをまとめよう。

3 学習問題についてのみんなの考え

【新宿区の様子】
新宿区はこの70年ぐらいで住宅地や商業地が大きく増え、国際化してきた。
例えば・人がふえた。
　　　　・地下鉄など交通も変わった。
　　　　・にぎやかになった。
　　　　・たくさんの高いビルができた。
　　　　・外国の人もふえた。　　　　など

4 つまり……

新宿区は、どんどん都市化し、みんなが住みやすく、くらしやすいまち、にぎやかなまちになり、だんだん国際化してきた。

【みんなのくらし】
道具が便利になった分、
　　　　　　　　ちがうことができるようになった。
例えば・いそがしさがへる　・かぞくですごす
　　　　・外に仕事に行く　　・あそびもかわる

5
大新宿区の歌（昭和24年新宿区制定）
服部嘉香作詞　平岡均之作曲

1. 空より広き武蔵野の
   国のみやこの中心に
   大新宿区あかるさよ
   道は八方さかえのもとい
   ビジネスセンターあつめてここに
   自治を誇れば空高く
   民主日本の鐘がなる

2. 海より青き武蔵野の
   国のみやこの中心に
   大新宿区楽しさよ
   心さやかに身もすこやかに
   あの町この町笑顔で暮す
   みやこじまんの住宅地
   平和日本の風そよぐ

ふりかえり

・新宿区ができた当時の人たちの気持ちを知りたい。
・「楽しい」というねがいがあった。ほかにもあるかな。

まとめる　整理する・生かす

板書のポイント
調べて分かったことと新宿区ができた頃に作られた「大新宿区の歌」の歌詞の内容を比べられるよう拡大提示し、今日の学習を振り返る。

T　みんなが調べて分かったことと、新宿区ができたころに作られた「大新宿区の歌」の歌詞を比べてみましょう。　

＊歌詞を読む。
C　「楽しい」「明るい」と書いてあるよ。
C　「じまんの住宅地」とあるけど、たしかに住宅地になっているよ。
C　作ったときに、未来のことを考えている。
T　当時の人の願いが込められていますね。

学習のまとめの例

〈子供のノートの記述例〉
【まとめ】
・新宿区は住宅が増え、新宿駅前は商業地が増え、焼け野原から大都市に変わりました。それにつれ、道具や家も変わり、区民のくらしも仕事も少しずつ変わってきました。
【ふりかえり】
・「大新宿区の歌」は、当時の人が未来のことを予想して、願いをこめて作っているのかと思いました。
・みんなが調べて分かったことが、続きにも歌詞に書かれていそうです。歌も実際に聞いてみたいです。

まとめる
整理する・生かす

新宿区への願いは今と昔ではどのように違うのだろう

本時の目標

新宿ができた頃の区民や区長の願いと現在の新宿区が目指すまちの姿を比較して、新宿が発展してきたことを考える。

本時の主な評価

新宿ができた頃の区民や区長の願いと現在の新宿区が目指すまちの姿を比較したり、新宿区の移り変わりの傾向と関連付けたりして、新宿の発展を考え、適切に表現している【思②】

用意するもの

新宿区のできたころの区長の願い、新宿区の外国人の人口の変化、今の新宿区がめざすまちの姿（新宿区総合計画）

本時の展開 ▷▷▷▷

本時のめあて　**新宿区への願い**

1
新宿区ができたころの
区民や区長の願い

　新宿区ができたころは、区の八割が焼け野原であり、人口は約十三万人であった。その後、復興のため区民の努力は、国や都の計画に合わせて着々と成果を挙げた。人口は三十四万人を超え、新しい建物や住宅が建ち並び、市街は一新して、日に日ににぎわいが増している。さらに、学校等の公共施設の充実や交通網が発展してきた。本区は、首都東京を構成する中心地として、その発展は、はかり知れないものがあろう。

昭和三十年三月
　　新宿区長　岡田昇三

「新宿区史」昭和30年3月　P1-5の序の一部を編集したもの

つかむ　出合う・問いをもつ

板書のポイント
資料「区長や区民の願い」を読み取る。提示する拡大資料にラインを引いたり、そこから考えたことを書き込んだりできるようにする。

＊「区民や区長の願い」を読む。
T　当時の人の願いにつながるところにラインを引きましょう。どこにラインを引いて、どんなことを考えましたか？　**1**
C　焼野原だったと書いてあるので、昔は「みんな戦争から立ち上がって、がんばろうと思っていた」と思う。
T　みんなって、だれのことですか？
C　区民。区長や区役所の人たちなどたくさんの人だと思う。

調べる　情報を集める・読み取る・考える・話し合う

板書のポイント
新宿区の施策で、「それはいいな」と子供が共感した場所が分かるようにラインを引いたりキーワードを板書する。

＊「今の新宿区が『めざすまちの姿』」を提示する。
T　この資料で「いいな」と思うことはありますか？　理由も考えましょう。　**2**
C　わたしは、「どの人もくらしやすい」ということがいいなと思いました。なぜかというと、高齢者も外国人もだれでもが自分らしく住めることは幸せだと思うからです。
C　ぼくは、「自分たちのまちは自分たちで」というところがいいと思いました。みんながまちをよくするためにがんばれそうです。

は今と昔ではどのように違うのだろう。

3 くらべて考えたこと

・戦争から立ち上がろうとしていたころに新宿はできた。
・にぎやかさやすみやすさを大事にしようとしている。
・「自分たちのまちは自分たちで」という考えがいい！
・防災、安心・安全
　　　→自分たちは、あまり考えていなかった。
・どの人もくらしやすいことを目指している。

【区民】もともと住んでいる人、高れい者、子供、
引っ越してきた人、外国から来た人も、だれでも

はたらく人、駅を使う人、かん光客

4 学習のまとめ

昔も今も、願いは、にている
やっぱり区民のために

区民がくらしやすいようにさまざまなことを考えて、新宿区は
変わってきたことが分かった。これからは、いろいろな人がし
あわせになる区にしていくことが大切だ。

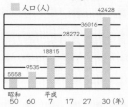

新宿区の外国人の
人口の変化

■人口(人)　　　　　　　　　　42428
　　　　　　　　　　36016
　　　　　　28272
　　　18815
　9535
5558

昭和　　　平成
50　60　7　17　27　30 (年)

2

今の新宿区が「めざすまちの姿」
「新宿力」で創造する、
やすらぎとにぎわいのまち
「新宿力」…新宿区の多くの人々が「自分
　たちのまちは自分たちで」という
　力のこと。
〈現実に向けて〉
①くらしやすさ
・安心して子育てできる
・教育の充実
・高齢者や障害者など誰もが自分らしく
②防災、安全安心
・災害に強いまちづくり
・犯罪のないまちづくり
・感染症の予防・路上喫煙防止
③にぎわいの都市
・魅力ある商店街づくり
・産業振興
・文化、観光、スポーツの振興

「新宿区総合計画」平成29年12月P18-21より抜粋

まとめる　整理する・生かす

板書のポイント

昔の願いと、今の区民の願いを比べて、考えた
ことの理由が分かるように、発言と資料のキー
ワードを矢印などでつなぐように板書する。

T　昔と今の新宿区のめざすまちの姿を比べる
　と、どのようなことが言えそうですか？　**3**
C　「にぎやかさ」を目指すところ。
C　みんなが「すみやすい」「くらしやすい」
　ということも似ていると思う。
T　それって誰のことを考えているのでしょう。
C　特に、区民。大人も子供も、外国の人も住
　んでいる人、だれでも。新宿区に来る人も。
T　では、みんなで話し合った言葉を使って、
　今日の学習のまとめを書きましょう。　**4**

学習のまとめの例

〈子供のノートの記述例〉

・区民がくらしやすいように、区長さ
んや区役所の人たちが考えているの
は、今も昔も同じだと思いました。
自分たちが調べて分かったことは、
そのように考えてまちも作られてき
たのだということです。

・わたしたちが調べてきた新宿区の移
り変わりは、区長さんが考えてきた
こととにているな、と思いました。
「自分たちのまちは、自分たちで」
という考えがいいなと思いました。
これからは、どのようになっていく
のか、楽しみです。

まとめる
整理する・生かす

新宿区はこれからどのようになっていくとよいのだろう

本時の目標
「大新宿区の歌」の５番を考えることを通して、区の発展について区民の一人としての願いをもち、協力していこうとする態度を養う。

本時の主な評価
学んだことを基に、区の発展について区民の一人としての願いをもち、協力していこうとしている【主②】

用意するもの
新宿区のできた頃の区長の願い（新宿区市）、今の新宿区がめざすまちの姿（新宿区総合計画)、「大新宿区の歌」

本時の展開 ▷▷▷

本時のめあて 新宿区はこれか

2 話し合って考えたこと

【これからの新宿区】
ずっとにぎやか
　　全国や外国から人が集まる
外国→外国出身の人も楽しい
世界の中の新宿→世界中の
　　　　　　　　　　人が集まる
安心→みんなが安心してくらせる
安全　　　→　どんなときも
　　　　　　　　　（災害でも）
　　　　　　→みんなで助け合える
なかよく　　　　おとしよりも
　　　協力　　　子どもも
　　　　　　　　外国の人も
未来は、９さいの自分が、
　　　　　　大人になっている！

つかむ　出合う・問いをもつ

板書のポイント
大新宿区の歌には、どのようなキーワードが入っていたか、それが実現してきたかを確認できるよう拡大掲示し、ラインや丸で囲む。

T　大新宿区の歌詞にこめられた区民の願いは、新宿区ができてから今までの間にかなってきたか、確かめてみましょう。　**1**

C　ビジネスセンターは、確かに会社がたくさん集まっている。

C　ものや人が集まって、繁華街になってにぎわっている。

C　新宿御苑の緑や、たくさんの人が住む住宅地にもなっている。

T　これからどうなると思いますか？

調べる　情報を集める・読み取る・考える・話し合う

板書のポイント
これからの新宿区がどうなっていくとよいか、さまざまな考えが分かるよう、キーワードで板書する。

T　未来の新宿区はどうなっていくとよいかを考えて、５番の歌詞のキーワードを考えます。そのキーワードを選んだ理由も発表しましょう。　**2**

C　「ずっとにぎやか」がいいと思う。なぜかというと、これからもたくさん人が集まる楽しい区がいいから。

C　わたしは、「みんななかよく」がいいと思う。外国の人などだれでも協力することが新宿区のめざすことだから。

らどのようになっていくとよいのだろう。

1

大新宿区の歌（昭和24年新宿区制定）
服部嘉香作詞　平岡均之作曲

　1. 空より広き武蔵野の
　　　国のみやこの中心に
　　　大新宿区 あかるさよ
　　　道は八方かえのもとい
　　　ビジネスセンターあつめてここに
　　　自治を誇れば空高く
　　　民主日本の鐘がなる

　2. 海より青き武蔵野の
　　　国のみやこの中心に
　　　大新宿区楽しさよ
　　　心さやかに身も すこやかに
　　　あの町この町笑顔で暮す
　　　みやこじまんの住宅地
　　　平和日本の風そよぐ

　3. 空より広き武蔵野の
　　　国のみやこの中心に
　　　大新宿区 にぎわしさ
　　　およぐ人波うずまく光
　　　ものみなゆたかに集めてここに
　　　いつも春めく繁華街
　　　自由日本の花とさく

　4. 海より青き武蔵野の
　　　国のみやこの中心に
　　　大新宿区 かがやけり
　　　御苑外苑学園ならぶ
　　　あの森この森みどりはかおる
　　　かおるほまれに色そめて
　　　日本文化のにじがたつ

3

「大新宿区の歌」5番

世界の中の新宿区
国のみやこの中心に
大新宿区の　楽しさよ
みんななかよく
助け合い
災害があっても
力を集め
ずっとにぎやか
続くといいな
自分たちのまちは
自分たちで

4　自分の考え　自分たちのまちは自分たちで！

これからの新宿区をこんな区にしていきたい。こうなっ
てほしい。（なぜかというと〜…理由も書く）

まとめる　整理する・生かす

板書のポイント

たくさん出てきたキーワードをもとに、特に大
事にしたいと思う考えを書く活動を取り入れ、
歌の5番を板書にまとめて完成する。

T　友達の発言を聞き、大切にしたいキーワー
　ドをもとに、自分でオリジナルの「大新宿区
　の歌」の5番を考えましょう。　**3**

C　わたしは、「みんななかよく」を入れた
　い。それは、外国人も、子どももお年寄りも
　大切にされて、みんなが明るく過ごせること
　がいいと思うから。

T　歌詞に下に「このような区にしていきた
　い」という考えを、理由も付けてまとめま
　しょう。　**4**

学習のまとめの例

〈子供のノートの記述例〉

・「これからの新宿区」は、もっと外
　国の人などもふえ、にぎやかになる
　と思います。みんながなかよく、え
　顔でくらせるために何ができるかを
　考えました。いろいろな人と話がで
　きるしせつや、外国のことばのあん
　内ばんがふえるとよいと思います。

・「これからの新宿区」は、きっと
　もっと人が集まると思います。その
　ときに、安心できるまちにしていき
　たいです。すんでいる人たちが安心
　してくらせる新宿区になるとよいで
　す。

編著者・執筆者紹介

[編著者]

澤井　陽介（さわい・ようすけ）　　　　　国士舘大学教授

昭和35年・東京生まれ。社会人のスタートは民間企業。その後、昭和59年から東京都で小学校教諭、平成12年から都立多摩教育研究所、八王子市教育委員会で指導主事、町田市教育委員会で統括指導主事、教育政策担当副参事、文部科学省教科調査官、文部科学省視学官を経て、平成30年４月より現職。
《主な編著》単著『教師の学び方』東洋館出版社、平成31年３月／『授業の見方』東洋館出版社、平成29年７月／『学級経営は「問い」が９割』東洋館出版社、平成28年３月／『澤井陽介の社会科の授業デザイン』東洋館出版社、平成27年３月／編著『子供の思考をアクティブにする社会科の授業展開』東洋館出版社、平成28年３月、ほか多数。

石井　正広（いしい・まさひろ）　　　　　東京都新宿区立四谷小学校長

東京学芸大学附属大泉小学校・東京都公立小学校の教員、多摩市教育員会・東京都教職員研修センターの指導主事、中野区立武蔵台小学校副校長、多摩市教育委員会統括指導主事、町田市大蔵小学校校長・新宿区立四谷小学校校長、平成24年度学習指導要領実施状況調査問題作成・分析委員、学習指導要領（平成29年告示）等の改善に係る検討に必要な専門的作業等協力者、32年度版教科用図書「小学社会（教育出版）」執筆者、「平成29年度学習指導要領小学校新社会科の単元＆授業モデル」（明治図書）著者。

[執筆者] ＊執筆順。所属は令和２年３月１日現在

			[執筆箇所]
澤井　陽介	（前出）		第３学年における指導のポイント
水口　純	香川大学教育学部附属高松小学校教諭		単元 1 – 1、1 – 2
田島　吉晃	札幌市立緑丘小学校教諭		単元 2 – 1【選択 A】
中井　健司	札幌市立資生館小学校教諭		単元 2 – 1【選択 B】
杉本　季穂	東京都大田区立赤松小学校主任教諭		単元 2 – 2
桑島　孝博	東京都板橋区立下赤塚小学校主任教諭		単元 3 – 1
横田　富信	東京都世田谷区立経堂小学校指導教諭		単元 3 – 2
栁沼　麻美	東京都新宿区立四谷小学校主任教諭		単元 4 – 1

『板書で見る全単元・全時間の授業のすべて　社会　小学校 3 年』付録 DVD について

・各フォルダーには、以下のファイルが収録されています。
　① 　板書の書き方の基礎が分かる動画（出演：成家雅史先生）
　② 　授業で使える短冊類（PDF ファイル）
　③ 　板書掲示用資料
・DVD に収録されているファイルは、本文中では DVD のアイコンで示しています。
・これらのファイルは、必ず授業で使わなければならないものではありません。あくまで見本として、授業づくりの一助としてご使用ください。また、付録イラストデータは本書と対応はしていませんので、あらかじめご了承ください。

【使用上の注意点】
・この DVD はパソコン専用です。破損のおそれがあるため、DVD プレイヤーでは使用しないでください。
・ディスクを持つときは、再生盤面に触れないようにし、傷や汚れ等を付けないようにしてください。
・使用後は、直射日光が当たる場所等、高温・多湿になる場所を避けて保管してください。
・PDF ファイルを開くためには、Adobe Acrobat もしくは Adobe Reader がパソコンにインストールされている必要があります。
・PDF ファイルを拡大して使用すると、文字やイラスト等が不鮮明になったり、線にゆがみやギザギザが出たりする場合があります。あらかじめご了承ください。

【動作環境　Windows】
・〔CPU〕Intel® Celeron® プロセッサ360J1. 40GHz 以上推奨
・〔空メモリ〕256MB 以上（512MB 以上推奨）
・〔ディスプレイ〕解像度640×480、256色以上の表示が可能なこと
・〔OS〕Microsoft Windows10以降
・〔ドライブ〕DVD ドライブ

【動作環境　Macintosh】
・〔CPU〕Power PC G4 1.33GHz 以上推奨
・〔空メモリ〕256MB 以上（512MB 以上推奨）
・〔ディスプレイ〕解像度640×480、256色以上の表示が可能なこと
・〔OS〕Mac OS 10.12（Sierra）以降
・〔ドライブ〕DVD コンボ

【著作権について】
・DVD に収録されているファイルは、著作権法によって守られています。
・著作権法での例外規定を除き、無断で複製することは法律で禁じられています。
・DVD に収録されているファイルは、営利目的であるか否かにかかわらず、第三者への譲渡、貸与、販売、頒布、インターネット上での公開等を禁じます。
・ただし、購入者が学校での授業において、必要枚数を子供に配付する場合は、この限りではありません。ご使用の際、クレジットの表示や個別の使用許諾申請、使用料のお支払い等の必要はありません。

【免責事項】
・この DVD の使用によって生じた損害、障害、被害、その他いかなる事態についても弊社は一切の責任を負いかねます。

【お問い合わせについて】
・この DVD に関するお問い合わせは、次のメールアドレスでのみ受け付けます。　tyk@toyokan.co.jp
・この DVD の破損や紛失に関わるサポートは行っておりません。
・パソコンやアプリケーションソフトの操作方法については、各製造元にお問い合わせください。

板書で見る全単元・全時間の授業のすべて

小学校 社会 3 年
〜令和 2 年度全面実施学習指導要領対応〜

2020（令和 2 ）年　3 月 1 日　初版第 1 刷発行
2024（令和 6 ）年　4 月 1 日　初版第 3 刷発行

編集代表：澤井陽介／石井正広
発 行 者：錦織　圭之介
発 行 所：株式会社東洋館出版社
　　　　　〒101-0054　東京都千代田区神田錦町 2 丁目 9 番 1 号
　　　　　　　　　　　コンフォール安田ビル 2 階
　　　　代　　表　電話 03-6778-4343　FAX 03-5281-8091
　　　　営 業 部　電話 03-6778-7278　FAX 03-5281-8092
　　　　振　　替　00180-7-96823
　　　　Ｕ Ｒ Ｌ　https://www.toyokan.co.jp

印刷・製本：藤原印刷株式会社

装丁デザイン：小口翔平＋岩永香穂（tobufune）
本文デザイン：藤原印刷株式会社
DVD 制作：秋山　広光（ビジュアルツールコンサルティング）
　　　　　　株式会社オセロ／原　恵美子

ISBN978-4-491-03999-2　　　　　　　　　　Printed in Japan